社会主义新农村建设法律指导丛书
全国"七五"普法系列丛书

农村基层党组织建设读本

贾华春◎著

中国法制出版社
CHINA LEGAL PUBLISHING HOUSE

前言

Preface

基层党组织是党的全部工作和战斗力的基础，党的基层组织是否坚强有力，直接关系党的生机活力，关系党的事业兴衰成败。习近平总书记指出："党对农村的坚强领导，是使贫困的乡村走向富裕道路的最重要保证。如何在农村实现党的领导，这是农村党组织的历史使命。"

习近平总书记的指示为我们加强基层党组织建设特别是农村基层党组织建设指明了方向，提供了遵循。近年来，各级党组织紧紧围绕这一使命课题，积极研究探索，先后出台并实施了一系列行之有效的措施办法，使基层党组织的凝聚力得到了加强，战斗堡垒得以巩固，党员的先锋模范作用得以发挥，为稳定农村形势、加快农村发展，提供了坚实可靠的组织保障。

但是，随着形势任务的不断发展变化，各种新情况新问题纷纷涌现，特别是在当前信息技术迅猛发展、改革开放日益纵深推进的情况下，社会结构、组织形式、行业分工、党员流向等都发生了深刻变化，给农村基层党组织建设也带来了巨大的机遇和挑战。这就要求我们与时俱进、因势施策，创新方法，以提升组织力为重点，切实把农村基层党组织建设成为宣传党的主张、贯彻党的决定、领导基层治理、团结动员群众、推动改革发展的坚强战斗堡垒。

在实际工作中，一些地方的基层党组织，特别是农村基层党组织仍然不同程度地存在着党建常识缺乏、党务能力不强，服务意识不够、模范作用不强，制度坚持不好、自建能力不强，创新创优不够，凝聚力不强等问题，在一定程度上影响了党的路线方针政策和决策部署在“三农”领域的贯彻落实。为此，我们对症下药，采取实地调查、座谈讨论与组织部门提供素材相结合等方式，从2600余件素材中精心挑选近200个案例，编写了《农村基层党组织建设读本》。

本书以习近平新时代中国特色社会主义思想为统领，以贯彻落实各类法规制度为主线，以提升农村基层党组织凝聚力和战斗力为主旨。考虑到农村基层党组织建设现状和农村党员的认知能力，本着“急用先学、实用实编”的原则，将本书分为基本常识、组织建设、日常党务、党员管理和党内常用文书写作五个部分，基本囊括了基层党组织建设中可能遇到的各种疑难问题。同时，我们还在后面为大家附录了部分常用的党内法规制度，便于自学自查。为增强本书的可读性和可操作性，我们采取一问一答、一事一析的方式，侧重于传方法、教理论、重实用，确保通俗易懂，大家拿起书来就能看得懂、放下书就可以照着做，真正能发挥“工具书”的作用，并成为广大农村党员和农村党务工作者的良师益友。

贾华春

2018年3月

目录
Contents

CHAPTER

第一章

基本常识

1 什么是党的基层组织？哪些单位应设立党的基层组织？

咨询问题：我是一名刚选调到农村工作的大学生“村官”，对农村党建工作比较陌生。每次去乡里开会，乡里的领导们都反复强调要“加强基层党组织建设”，我一直没搞清楚基层党组织的含义。请问：什么是基层党组织？哪些单位应成立基层党组织？

解答：《中国共产党章程》（以下简称《党章》）把党的组织分为三种类型，即党的中央组织、党的地方组织和党的基层组织。党的基层组织是指党在社会基层单位设立的党的基层委员会、总支部委员会和支部委员会，还包括经党代会选举产生的党的纪律检查委员会。

根据《党章》第30条规定，在企业、农村、机关、学校、科研院所、街道社区、社会组织、人民解放军连队和其他基层单位，凡是有正式党员3人以上的，都应当成立党的基层组织。党的基层组织包括党的基层委员会、总支部委员会和支部委员会。顾名思义，在农村设立的党的基层组织，就是农村基层党组织。

2 设立党的基层组织应该遵循哪些原则？

咨询问题：我前段时间看新闻，发现有的村一级设的是党委，有的村级组织设立的是党支部，还有的村级组织设立的是党总支。请问：设立党的基层组织应该遵循哪些原则？为什么会有这些差异呢？

解答：出现这些差异，是《中国共产党农村基层组织工作条例》考虑到各地农村基层党员的实际情况作出的科学规定而出现的。该《条例》对农村的党组织设置原则等问题进行了明确规定。根据第 4 条、第 5 条和第 6 条的内容：

（1）乡镇应当设立党的基层委员会。乡镇党委由党员大会或者党员代表大会选举产生。

（2）有正式党员 3 名以上的村，应当成立党支部；不足 3 名的，可与邻近村联合成立党支部。党员人数超过 50 名的村，或党员人数虽不足 50 名，但村办企业具备成立党支部条件的村，因工作需要（如在国民经济发展中所起的作用比较大，领导干部配备比较强等），可以成立党的总支部。党员人数 100 名以上的村，根据工作需要，经县级地方党委批准，可以成立党的基层委员会；村党委受乡镇党委领导。村党支部、总支部和党的基层委员会由党员大会选举产生。

但需要注意的是，经上级党组织决定，党员超过 50 人的也可不设立总支部委员会，而设立支部委员会；党员超过 100 人的也可不设立党的基层委员会，而设立总支部委员会。

（3）县以上有关部门驻乡镇的单位，应当根据党员人数和工作需要建立党的基层组织。这些党组织，除中央另有规定的以外，受乡镇党委领导。

3 哪些情况下可设立临时党组织？

咨询问题：最近，为了筹备镇里的工业园区开工建设事宜，镇党委抽调相关人员组成筹备组，开展各项工作。同时还成立了临时党支部。请问：在哪些情况下可以成立临时党组织？

解答：根据《党章》规定，凡有正式党员 3 人以上，都应当成立党的基层组织。因此，为了更好地完成某项临时性任务而组建或者成立的临时单位、临时机构、短期学习班（培训班）等，或者由于某种原因暂不具备成立正式党组织条件的单位，经批准，可根据党员人数的多少，建立临时党组织。有正式党员 3 人以上不足 50 人的可建立临时党支部；有正式党员 50 人以上不足 100 人的可建立临时党总支；有党员 100 人以上的可建立临时党委。

临时党组织的书记、副书记和委员会委员由上级党组织指定。任期一般不超过一年，最多不得超过两年。

4 农村党的基层组织的地位作用是什么？

咨询问题：我是一名农村预备党员，与别人聊天时，经常有人问我："现在上面不是提倡减负吗？农村有村民委员会就可以了，还额外设立村党支部，有哪些作用？"我知道村党支部在日常工作中发挥了重要作用，但不知该如何回答。请问：再遇到类似问题，我该如何回答他们？

解答：作为一名预备党员，要认真学习党的相关知识，熟悉掌握相关理论，并且理直气壮地回答村民的提问。

根据《党章》《农村基层组织工作条例》等相关规定，农村基层党组织是党在农村全部工作和战斗力的基础；是乡镇、村各类组织和各项工作的领导核心；是党联系广大农民群众的桥梁和纽带；是贯彻党的路线方针政策的组织者、推动者和实践者。具体可以从以下四个方面来回答：

（1）党的基层组织是党的组织基础，是党最丰富和最可利用的组织资源。中国共产党是由党的中央组织、各级地方组织和基层组织构成的严密而完整的组织体系。在这个体系中，党的基层组织是基础。我们的党正是通过设立党的基层组织，把每一个党员编入党的一个基层组织，使党的基层组织置于党的中央组织和各级地方组织的统一领导之下，从而保证了党作为一个统一的整体而存在，保证了党具有统一意志、统一行动，保证了党的凝聚力和战斗力。

（2）党的基层组织是开展党的活动的基本单位。每一个党员，不论职务多高，资格多老，都要在党的一个基层组织中生活和工作，接受党的基层组织的教育、管理和监督。每一个党员既要通过党的基层组织，把对党的意见和建议传达给党的上级组织，又要通过党的基层组织，了解和领会党的上级组织的指示和精神。此外，党的基层组织担负着发展新党员、处置不合格党员、处分违纪党员的任务。因此，党的基层组织为党员的活动提供了一个可以依赖的场所。

（3）党的基层组织是党联系人民群众的桥梁和纽带。党的基层组织建立在社会基层单位，与人民群众有着直接的、经常的、密切的联系，能够直接倾听群众的呼声，掌握群众的思想脉搏，了解群众的情绪，熟知群众的生产、工作和生活状况。因此，党的上级组织和领导机关，要靠党的基层组织来了解群众的愿望和要求，并把此作为决策的客观依据；群众也要靠党的基层组织来了解党的路线、方针、政策，从而在党的基层组织的领导下，集中广大人民群众的智慧和力量，推进社会主义现代化事业的发展。

（4）党的基层组织是实现党的领导的重要条件。党要实现自己的领导，首要的是正确地制定和执行路线、方针、政策。而路线、方针、政策正确与否，唯一的检验标准是看其是否符合广大人民群众的利益和要求。所以，党要正确地制定路线、方针、政策，必须倾听人民群众的呼声。党的路线、方针、政策制定出来后，还要把路线、方针、政策宣传到群众中，化为群众的实际行动。而党的基层组织最了解人民群众的愿望，和人民群众有直接的经常的联系。因此，要实现党对人民群众的领导，就必须发挥党的基层组织这一独特优势。

5 党的基层组织建设的基本要求有哪些？

咨询问题：我是通过“公考”进入当地的乡级党政办公室工作的。近期，乡里的领导们老是提到要按上级要求加强农村基层党组织建设。我在网上百度了一下农村基层党组织建设的基本要求，答案各不相同。请问：加强农村基层党组织建设的基本要求到底有哪些？

解答：党的十九大报告对党的基层组织建设提出了新要求。报告明确指出：“党的基层组织是确保党的路线方针政策和决策部署贯彻落实的基础。要以提升组织力为重点，突出政治功能，把企业、农村、机关、学校、科研院所、街道社区、社会组织等基层党组织建设成为宣传党的主张、贯彻党的决定、领导基层治理、团结动员群众、推动改革发展的坚强战斗堡垒。党支部要担负好直接教育党员、管理党员、监督党员和组织群众、宣传群众、凝聚群众、服务群众的职责，引导广大党员发挥先锋模范作用。坚持‘三会一课’制度，推进党的基层组织设置和活动方式创新，加强基层党组织带头人队伍建设，扩大基层党组织覆盖面，着力解决一些基层党组织弱化、虚化、边缘化问题。扩大党内基层民主，推进党务公开，畅通党员参与党内事务、监督党的组织和干部、向上级党组织提出意见和建议的渠道。注重从产业工人、青年农民、高知识群体中和在非公有制经济组织、社会组织中发展党员。加强党内激励关怀帮扶。增强党员教育管理针对性和有效性，稳妥有序开展不合格党员组织处置工作。”

6 党的基层组织建设的指导方针是什么？如何贯彻落实？

咨询问题：农村基层党组织建设的基本要求和指导方针我一直分不清楚。刚才，你们给我讲解了基层组织建设的基本要求，请问：指导方针又有哪些呢？如果抓好贯彻落实？

解答：《中共中央关于加强党的建设几个重大问题的决定》明确指出党的基层组织建设的指导方针是：

（1）必须紧紧围绕党的基本路线，为党的中心任务服务，用完成本单位任务的实际效果来检验基层党组织的工作。

（2）必须用改革的精神研究新情况、解决新问题，运用已有的成功经验并进行革新和创造，改进基层党组织的活动内容和工作方式。

（3）必须严格党内生活，严肃党的纪律，弘扬正气，反对歪风，保持党员队伍的先进性和纯洁性，增强基层党组织解决自身矛盾的能力。

（4）必须立足于经常性工作，常抓不懈，既要制定切实可行的长期规划，又要抓紧解决当前的突出问题。

这个指导方针是对党的基层组织建设实践经验的科学总结，从指导思想、工作目标、基本方法、检验标准等方面对党的基层组织建设提出了要求。认真贯彻执行这些指导方针，一是要全面正确地理解指导方针的精神实质，坚持用指导方针指导工作，切实抓好基层组织建设。二是要采取突出重点，分类指导的方针，针对本地区不同类型基层组织的实际情况，制定相应的工作计划和具体的措施。三是要常抓不懈，讲求实效。

7 党的基层组织的基本任务有哪些？

咨询问题： 经常听人说，农村基层党组织有“八项基本任务”，我问了几个人，大家的说法都不一致。请问：这“八项基本任务”具体是如何规定的？

解答：《党章》第32条规定，党的基层组织是党在社会基层组织中的战斗堡垒，是党的全部工作和战斗力的基础。根据这一规定，党的基层组织的基本任务有八项：

一是宣传执行，即宣传和执行党的路线、方针、政策，宣传和执行党中央、上级组织和本组织的决议，充分发挥党员的先锋模范作用，团结、组织党内外的干部和群众，努力完成本单位所担负的任务。

二是组织学习，即组织党员认真学习马克思列宁主义、毛泽东思想、邓小平理论、“三个代表”重要思想、科学发展观、习近平新时代中国特色社会主义思想，推进“两学一做”学习教育常态化制度化，学习党的路线、方针、政策和决议，学习党的基本知识，学习科学、文化、法律和业务知识。

三是教育管理和监督服务，即对党员进行教育、管理、监督和服务，提高党员素质，坚定理想信念，增强党性，严格党的组织生活，开展批评和自我批评，维护和执行党的纪律，监督党员切实履行义务，保障党员的权利不受侵犯。加强和改进流动党员管理。

四是密切联系群众，即经常了解群众对党员、党的工作的批评和意见，维护群众的正当权利和利益，做好群众的思想政治工作。

五是发现、培养和推荐人才，即充分发挥党员和群众的积极性创造性，发现、培养和推荐他们中间的优秀人才，鼓励和支持他们在改革开放和社会主义现代化建设中贡献自己的聪明才智。

六是教育和培养积极分子，即对要求入党的积极分子进行教育和培养，做好经常性的发展党员工作，重视在生产、工作第一线和青年中发展党员。

七是监督，即监督党员干部和其他任何工作人员严格遵守国家法律法规，严格遵守国家的财政经济法规和人事制度，不得侵占国家、集体和群众的利益。

八是教育，即教育党员和群众自觉抵制不良倾向，坚决同各种违纪违法犯罪行为作斗争。

8 驻村的非公有制企业怎样设立党组织？有哪些设立程序和手续？

咨询问题：我是村党支部的组织委员。前几天，村里的一家私营企业负责人找到我和村支部书记。说他本人是退伍回来的军人党员，而且企业里现在刚招了一批工人，党员人数较多，想在企业里成立一个党支部。村支部书记要求我先提出个意见。这种情况我以前没有遇到过。请问：驻村的非公有制企业怎样设立党组织？有哪些程序和手续？

解答：根据《党章》以及关于加强非公有制企业党建工作的政策、文件精神，凡有正式党员 3 人以上的非公有制企业，条件成熟的，都应当单独建立党的基层组织。党员人数在 3 人以上、50 人以下的，应建立党支部；党员人数不足 3 人的，可就近与其他组织中的党员建立联合党支部；党员人数超过或接近 50 人和 100 人的，可分别建立党的总支部委员会和党的基层委员会。党员人数少，暂不具备单独组建党组织条件的，要以开发区（园区）、乡镇（街道）、村（社区）、专业市场、商业街区、商务楼宇等为单位，组建区域性党组织，或依托行业协会（商会）、个体私营企业协会和龙头企业、专业经济合作组织组建行业性党组织。联合党组织中，具备单独组建条件的，要及时单独组建党组织。还应抓紧把工会、共青团组织先建立起来，为建立党组织创造条件。在个体工商户党员相对集中的地方，可就近、就地建立党组织。要发挥党员服务中心、党建工作站“孵化器”的作用，为建立党组织创造条件。

非公有制企业建立党组织的程序：

（1）企业提交组建党组织的书面材料。企业向乡镇党委（街道是党工委）或主管部门党委（党工委）提出成立基层党组织的书面请示。请示内容包括企业的基本情况，党员人数及建立党组织的要求（包括组织形式、领导成员职数）等。党员人数不足 7 名的党支部，可不设支部委员会，只设书记 1 名，必要时增设副书记 1 名。党员人数在 7 名以上的支部委员会委员名额一般为 3—5 名，最多不超过 7 名。党总支部委员会委员名额一般为 5—7 名，最多不超过 9 名。党的基层委员会委员名额一般为 5—9 名，最多不超过 11 名。同时，提交书面申请时还需要提供企业的工商、税务复印件并加盖公章，证明单位经商和完税情况。

（2）上级党组织审核批复相关事项。乡镇党委（街道党工委）或主管部门党委（党工委）审核书面申请材料，并上报党委组织部门审批。党委组织部门审批后，乡镇党委（街道党工委）或主管部门党委（党工委）行文批复组建党组织有关事项，并指导企业做好建立党组织的有关工作。

（3）企业成立党组织筹备工作小组。企业成立基层党组织筹备小组，负责组建党组织的各项筹备工作，制定党支部选举实施方案，报乡镇党委（街道党工委）或主管部门党委（党工委）备案，并于选举前一周通知乡镇党委（街道党工委）或主管部门党委（党工委）。

（4）召开会议进行选举。

（5）向上级报告选举情况。

（6）上级批复后，开始工作，履行职责。

9 乡镇企业的党组织隶属关系如何确定？村党支部能否领导村办企业党支部？

咨询问题：前几天参加乡党委组织的党课教育，上课时发现一些乡镇企业的党组织负责人也来参加了。我想问一下：乡镇企业的党组织由乡镇党委负责管理吗？那我们村的村办企业党支部也归村党支部领导吗？

解答：根据中央有关文件规定，乡镇企业党组织的隶属关系由乡镇党委根据实际情况确定。村办企业党组织的隶属关系由村党组织提出意见，报乡镇党委批准。跨村、跨乡、跨县的联办企业党组织的隶属关系，由企业所在地党组织根据实际情况确定。

村党支部不能领导村办企业党支部，因为党支部与党支部之间不能构成领导与被领导的关系。出现这种情况，应当重新设置村党组织或村办企业党组织。如果企业规模较大，可将村党支部改建为党总支部，在企业建立党支部，由村党总支部来领导管理企业党支部；如果企业规模较小，可将村办企业党支部改建为党小组，由村党支部负责管理和领导。具体采取哪种方式，应从实际情况出发。如村党支部不具备改建为党总支部的条件，或村办企业确需成立党支部，则可将村办企业党支部归属乡镇党委或有关党组织领导。

10 什么是党的组织力？提升组织力的途径有哪些？

咨询问题：党的十九大会议结束后，我们及时组织了传达学习和讨论交流，并就贯彻落实会议精神研究了具体的措施办法。但在个人自学过程中，我发现十九大报告第十三部分“坚定不移全面从严治党，不断提高党的执政能力和领导水平”第（四）层“加强基层组织建设”中，提到“要以提升组织力为重点，突出政治功能，把企业、农村、机关、学校、科研院所、街道社区、社会组织等基层党组织建设成为宣传党的主张、贯彻党的决定、领导基层治理、团结动员群众、推动改革发展的坚强战斗堡垒”。请问：什么是党的组织力？提升组织力的途径有哪些？

解答：党的组织力，一般而论，就是党依靠群众、动员群众、组织群众进行物质生产活动、精神文化活动、革命斗争和社会变革活动的能力。在当前，党的组织力就是党依靠群众、动员群众、组织群众进行伟大斗争、建设伟大工程、推进伟大事业、实现伟大梦想的能力。组织力是我们党的执政能力和国家治理能力的具体体现。

新时代下，增强组织力，重要的是学会和掌握组织群众的规律。邓小平同志1943年在《根据地建设与群众运动》一文中指出：“群众运动有其自身的规律，党在指导群众运动中，必须掌握住这种规律。”什么是我们指导根据地群众运动应掌握的规律呢？第一是发动群众，在发动群众中组织群众、武装群众；第二是在发动群众之后，立即注意整理与健全群众组织生活；第三是在发动与组织群众中注意群众的政治教育，在发动与组织任务完成之后，应将重心转入教育群众；第四是把群众的经济斗争政治斗争约束于统一战线范围之内。

邓小平同志讲的这四点在今天仍然具有很强的现实意义。我们应结合新时代中国特色社会主义群众的特点和实际，深入研究和掌握组织群众的规律，按照组织群众的规律想问题、做事情，才能有效开展工作、达到预定目的。

除此之外，增强组织力，还应做到以下三点：一是向群众学习。人民群众最聪明、最有智慧，我们要当好群众的学生，在人民群众中汲取智慧和精神营养；二是把群众的利益放在第一位，想人民群众之所想，急人民群众之所急，关心群众的疾苦，做让人民群众满意的事；三是转变作风，和人民群众打成一片，想在一起、干在一起。带着群众干，干给群众看，人民群众才能组织起来和你一起干。

11 农村党的基层组织领导成员的职数如何确定？

咨询问题：我是一名县级机关的公务员，根据上级关于“精准扶贫”的工作安排，我要去一个新组建的农村任党支部第一书记。这个村由两个村合并而成，人口不是太多，正式党员也只有12人。两村合并后，原来的村“两委”班子成员要重新安置，压力很大。请问：像我们村这种情况，党支部成员设置多少人比较合适？

解答：党的基层委员会、总支部委员会、支部委员会委员名额，在《中国共产党基层组织选举工作暂行条例》中没有作具体规定。在实际工作中，一般可参照下列范围掌握：

（1）党员人数较少的党支部，可不设支部委员会，只设书记1人，必要时可增设副书记1人。

（2）党员不足50名的党支部委员会，一般设委员3—5人，最多不超过7人，设书记1人，也可增设副书记1人。

(3) 党员在50名以上不足100名的党总支部委员会，一般设委员5—7人，最多不超过9人，设书记1人，副书记1人。

(4) 党员在100名以上的党的基层委员会，一般设委员5—9人，设书记1人，副书记1—2人。

12 支部党员大会与支部委员会是什么关系？每个党支部都要设支部委员会吗？

咨询问题：我是从大学入党的党员，平时在学校里参加支部活动较少，所以，有些党务知识比较欠缺。最近，经过层层考核选拔，我被分配到一个农村任村委会主任助理。昨天接到通知，说是要我参加支部党员大会。我很纳闷，平时研究决定重大事项不是由村支部委员会研究决定吗？为什么现在又要召开支部党员大会呢？请问：两者有什么关系？是不是每个支部都有支部委员会？

解答：支部党员大会是党支部的最高领导机关。支部党员大会闭会期间，支部委员会负责支部的日常性工作。支部委员会要对支部党员大会和上级党组织负责，定期向支部党员大会报告工作，接受它的审查和监督。支部的一切重大问题都应由支部党员大会讨论决定。为了便于支部党员大会进行讨论和作出决定，支部委员会可以提出初步意见和方案。支部党员大会对支部委员会作出的决议、决定，有权修改、补充或否定；支部委员会对支部党员大会作出的决议、决定，必须认真贯彻执行。

根据《中国共产党党和国家机关基层组织工作条例》第8条规定，正式党员3人以上的，成立党的支部。党员不足7人的党的支部，不设支部委员会，由党员大会选举支部书记1人，必要时增选副书记1人。

13 党支部委员会一般设哪些委员？他们的主要职责是什么？

咨询问题：我是县文化局的一名工作人员，由于全县统一部署基层换届选举，被换届领导小组抽调到一个巡视工作组里工作。初次接触农村党支部换届选举工作，有些工作不太懂。请问：农村党支部一般设立哪些委员呢？他们的主要职责是干什么？

解答：党支部委员会一般设组织委员、宣传委员、纪律检查委员等。根据工作需要还可设群众工作委员、统一战线委员、保卫或者保密工作委员。委员少的，可以兼任。有的委员如工作上不需要，也可以不设。

党支部书记：

是党支部的主要负责人，在党支部委员会的集体领导下，按照党员大会、支部委员会的决议，负责党支部的日常工作。其主要职责是：

（1）负责召集支部党员大会和支部委员会，传达贯彻上级党组织的指示、决议。

（2）检查支部工作计划、决议的执行情况，按时向支部委员会、支部党员大会和上级党组织报告工作。

（3）掌握党员和群众的思想、工作和学习等方面的情况，有针对性地做好思想政治工作。

（4）经常与支部委员、村民委员会负责人沟通情况，支持他们的工作。参与讨论和决定本单位的重要事项。充分调动各方面的积极性，保证各项生产任务的完成。

（5）抓好党支部的自身建设。组织好支部委员的学习，按时召开民主生活会，发挥支部委员会的集体领导作用。

书记不在时，由副书记主持党支部的日常工作。

组织委员：

在支部委员会的集体领导下，负责支部的组织工作。主要职责有：

（1）了解和掌握支部的组织状况，根据实际情况，提出党小组的划分和调整意见，检查和督促党小组过好组织生活。

（2）了解和掌握党员的思想状况，协助宣传委员、纪检委员对党员进行思想教育和纪律教育，搜集和整理党员的先进模范事迹，及时向支部委员会提出表扬和激励党员的建议。

（3）负责做好发展党员工作。及时了解和掌握要求入党的积极分子的情况，并负责对积极分子的培养、教育和考察。按照发展党员工作的指导方针，制定切实可行的发展党员工作计划。具体办理接收新党员和预备党员转正的手续。

（4）做好党员的管理工作。例如转接党员组织关系，党费的收缴与管理，定期完成党员统计工作，党员登记和鉴定等。另外，不设纪检委员的党支部，有关纪律方面的工作，一般也由组织委员负责。

宣传委员：

在支部委员会的集体领导下，分管宣传工作。主要职责有：

（1）了解掌握党员和群众的思想状况，提出宣传教育工作的意见，拟定学习计划和建议。

（2）组织党员认真学习马克思列宁主义、毛泽东思想、邓小平理论、“三个代表”重要思想、科学发展观和习近平新时代中国特色社会主义思想，学习党的基本路线和党的基本知识，学习时事政治以及完成上级布置的学习任务，组织党课学习，做好思想政治工作。

（3）围绕支部的中心工作，开展多种形式的宣传鼓动工作和主题教育活动。指导本单位的群众学习科技文化知识，组织开展丰富多彩的文化体育活动等。

（4）搞好党报党刊的通讯报道和发行工作，办好本单位的宣传阵地。

纪检委员：

在支部委员会的集体领导下，分管纪检工作。主要职责有：

（1）负责党的作风建设，经常对党员进行党规、党法和党纪教育，防止和纠正党内不正之风。

（2）经常对党员进行纪律监督，检查党员执行上级指示要求，遵守党的纪律的情况，对党员违纪问题及时组织调查，提出处理意见。

（3）负责受理党员和群众的来信来访，党员的申诉和控告，及时向支部和上级纪检部门汇报，保障党员的民主权利。

（4）考察了解受处分党员改正错误的情况，对他们进行有效的帮助和教育工作。

群工委员：

在支部委员会的集体领导下，分管工会、共青团、妇联等群众组织的工作。主要职责有：

（1）关心、指导群众组织开展工作，帮助他们建立、健全各项规章制度。

（2）积极帮助群众组织学习业务，总结工作经验，不断提高他们的工作水平和活动能力。

（3）经常了解群众工作的情况，发现问题并积极帮助解决。

（4）帮助团支部做好团的教育和发展工作，指导团组织做好“推优”工作。

保卫（密）委员：

在支部委员会的集体领导下，负责支部的保卫（密）工作。主要职责是：

（1）及时了解本单位人员的思想变化，分析研究发生泄密事故的规律性，做好防范工作。

（2）协助行政部门严格执行有关保密的各项规章制度，堵塞漏洞，保证安全。

（3）及时了解党员及群众的思想状况，做好保密防范工作。

（4）发生政治、刑事案件及时报告，保护现场，并在保卫、公安部门的指导下查清案情。

统战委员：

在支部委员会的集体领导下，负责党支部的统战工作。其主要职责是：

（1）对党员进行党的统战政策教育，提高党员积极做好统战工作的积极性和自觉性。

（2）经常与统战对象保持联系，倾听他们的意见和要求，经常了解统战对象的政治思想、工作表现、业务能力等情况，帮助他们解决工作以及学习、生活中的实际问题，做好对他们的推荐、培养、选拔和使用工作。

（3）抓好统战政策的落实，经常向支部委员会和上级党组织汇报本支部统战工作的情况。

14 党的基层组织每届任期多长？从什么时候起算？如果任期届满，新一届委员会能否由上级组织任命？

咨询问题：我大学毕业后，通过“公考”后被安排在乡里工作。刚上班不久，乡里就因换届而成立了换届选举工作领导小组，我是其中的工作人员之一。请问：农村基层党组织的任期多长？任期届满，能否不经选举而由上级组织任命呢？

解答：《党章》第31条对党的基层组织的任期作了原则规定：党的基层委员会、总支部委员会、支部委员会每届任期三年至五年。

根据前述规定，中共中央组织部对党的基层组织的任期作了如下具体规定：乡镇党委执行五年任期。党的总支部委员会、村党支部委员会执行三年任期。基层党的委员会（含党的基层委员会、总支部委员会、支部委员会）的任期应从党员大会或代表大会选举产生之日算起。

如果任期届满，不能由上级组织任命，应当选举。《党章》和《中国共产党基层组织选举工作暂行条例》规定，基层党的委员会（含党的基层委员会、总支部委员会、支部委员会）任期届满后，应按期进行换届选举。如委员会任期届满后，不具备换届选举条件，可延期换届选举。如需延期或提前进行换届选举，应报上级党组织批准。延长期限一般不超过一年。

15 党组织合并后，原来的班子成员身份是否有效？

咨询问题：我是原某村党支部班子成员，分工负责宣传工作，是宣传委员。最近，上级大抓“特色小镇”建设。为贯彻上级的指示要求，乡党委将我们村与相邻的村合并了，并要求重新组建村“两委”班子。请问：组建新的村党支部之后，我还是支部委员吗？

解答：经上级党组织批准，两个或两个以上党组织合并后，原党组织领导成员（包括书记、副书记、委员）即免职。合并后新成立的党组织，其领导成员应通过选举产生。如选举条件不成熟，其领导成员也可由上级党组织指派（任命）。

因此，你的党支部成员职务自然免除。

16 新当选的支部书记在上报待批期间，支部工作由谁负责？

咨询问题：我是城建局的一名工作人员。前年，根据单位的安排到基层代职，任村里的扶贫第一书记。我发挥优势，经过两年的努力，使该村一举脱掉了贫困的“帽子”，局里和乡里也对我赞许有加。我本来可以回局里工作了，但为巩固脱贫成果，乡党委与局党委协商后，希望我在村里继续工作一段时间，并接替即将退休的支部书记。前段时间，村里进行换届选举，我顺利当选村支部书记，现在正处于上级审批期间。正好这段时间情况比较特殊，需要村党支部开会研究决定的事项也比较多，请问：在此期间的党支部日常工作，由谁负责？

解答：《党章》第31条规定：“基层委员会、总支部委员会、支部委员会的书记、副书记选举产生后，应报上级党组织批准。”根据这一规定，新当选的支部书记在上级党组织批准前，尚不能履行支部书记的职责。在此期间，支部工作应由新选出的支部委员会负责，因支部大会选出新一届支部委员会后，上届支部委员会就不存在了。为了使支部工作正常开展，新选出的支部委员会可推选一名召集人（一般为新选出的书记）临时主持工作。

17 能否用乡镇党政联席会代替党委会？

咨询问题：我是乡党政办的一名工作人员，日常工作主要就是负责会务保障，有时乡党委这边刚开了会，乡政府这边又要开会；

有时乡党委会开完又要接着开干部大会。我想知道：用党政联席会来代替其他会议，不是更能高效快捷地抓好工作落实吗？

解答：《党章》第32条规定："党的基层组织是党在社会基层组织中的战斗堡垒，是党的全部工作和战斗力的基础。"《中国共产党农村基层组织工作条例》第2条也指出："乡镇党的委员会（以下简称乡镇党委）和村党支部（含总支、党委，下同）是党在农村的基层组织，是党在农村全部工作和战斗力的基础，是乡镇、村各种组织和各项工作的领导核心。"根据这些规定，乡镇党委是本地区的领导核心。凡是乡镇经济和社会发展、党的建设和精神文明建设以及其他方面的重大问题，应该由乡镇党委集体讨论决定。乡镇其他组织应当认真贯彻执行党的决定。

用党政联席会代替党委会，势必把各种问题都拿到会上讨论。参加会议的人员也很多，这就模糊了乡镇党委的领导核心地位，弱化了乡镇党委应负的主要责任，又不利于发挥乡镇其他组织的作用和积极性。同时，用这种会议形式决定问题不符合乡镇党委应该采取的集体领导和个人分工负责相结合的制度，容易造成个人或少数人说了算。

当然，在乡镇党委对某些重大问题作出决策以后，为了保证决策的全面实施，召开党政联席会或党委扩大会，统一思想认识，研究和完善具体措施是可以的。但不能以党政联席会代替党委会决定重大问题。

18 怎样划分党小组？党小组是否必须有3名以上正式党员？

咨询问题：我们村与邻村合并后，党组织顺利进行选举，成立了新一届党支部班子。同时要打破原来的体系，重新划分党小组，每个小组内必须有3名以上党员。请问：怎样划分党小组？每个党小组内必须要求有3名以上正式党员吗？

解答：农村党支部在划分党小组时，应根据本支部党员的数量、分布、工作需要等情况综合考虑。一般以农村中的村民小组或自然村等为单位进行划分。一个支部所划分的党小组不宜过多。每个党小组不得少于3名党员。如果一个单位中党员不足3人，可同党员较少、工作性质相近、联系方便的行政、生产组织的党员合编在一个党小组内。有的支部党员人数较少，党员的工作岗位比较集中，活动比较方便，也可以不再划分党小组。同时，还要根据形势的发展变化，及时建立或调整党小组。

根据党章和有关文件规定，成立党支部必须要有3名以上正式党员。但对成立党小组，《党章》和有关文件并没有规定必须要有3名以上正式党员。从实际情况看，只要有3名以上党员（含预备党员）就可以成立党小组。这是因为，党小组不是党的一级组织，不需要对有关问题进行表决，因此不需要每个党员都有表决权。通常情况下，为加强对其他同志的培养教育，每个党小组中一般至少要有1名正式党员。

19 党小组的性质和主要任务是什么？党小组应建立并坚持哪些制度？

咨询问题：我大学三年级时光荣加入了党组织。毕业回来后，我一时半会没找到工作，就将组织关系开回了村里。昨天，村里的组织委员通知我，让我与第二党小组组长联系，参加第二党小组的活动，并坚持各项制度规定。请问：党小组的性质和主要任务是什么？党小组通常有哪些制度？

解答：关于党小组的性质：党小组是支部的组成部分，不是党的一级组织，是在党支部领导下对党员进行管理的一种组织形式。建立党小组须由支部委员会研究决定，不必报请上级党组织批准。但是，支部委员会应将本支部党小组的组建情况报告上级党组织。

党小组的主要任务是：

（1）按照实际情况，分配每个党员一定的工作，具体组织党员去实现支部的决议，完成支部布置的任务。

（2）组织党员学习党的创新理论，学习党的路线方针政策决议、基本知识、法律知识和科学文化知识。

（3）定期召开党小组生活会，开展批评与自我批评，组织、督促党员按时参加党的各种活动。

（4）组织党员在群众中宣传党的政策和决议，做群众的思想政治工作，及时向支部委员会反映群众的意见和要求，关心群众的物质文化生活。

（5）协助支部做好党员鉴定、培养入党积极分子、接收新党员和做好预备党员的教育、考察和转正、收缴党费工作。

党小组应建立并坚持的制度有以下几项：

（1）党小组的组织生活制度。在可能的情况下，要固定活动时间和活动地点，并在每次活动前，把活动的内容通知给党员，使党员事先有所准备。

（2）联系群众的制度。在农村，要建立党员联系户或联系组的制度。要规定联系的具体任务，并要经常监督检查。企事业单位和其他方面，党员如何联系群众，也要具体落实。

（3）党员的教育管理制度。除召开党小组的组织生活会外，还要以各种形式组织党员学习政治理论、党的基本知识和文化科学知识。党员要定期汇报思想和工作。对外出党员，要了解他们外出的情况，建立定期汇报的制度。要坚持表扬和批评，对党员为群众做好事等方面的情况，要有了解和记载。

（4）群众思想政治工作制度。要用各种形式对群众进行经常性的思想政治工作。

20 党小组长的主要职责是什么？如何产生？任期多长？预备党员能否担任党小组长？

咨询问题：我是一名预备党员，2年前参军入伍，在部队入的党，义务期满后退役返乡。可能是看我表现不错吧，村里有人提议我当党小组长，我既高兴又茫然。高兴的是，我的为人处事得到了大家的赞成；茫然的是，由于党龄较短，对党务知识了解不够多。请问：党小组长的主要职责是什么？如何产生？任期多长？预备党员能否担任党小组长？

解答：党小组长的主要职责有：按照党支部要求，组织党员学习，做好党员的思想工作，向本小组的党员布置任务，并负责督促检查；定期召集并开好党小组会，严格党的组织生活；了解党员的思想、工作和生活等方面的情况，经常向党支部反映党员的意见、建议和要求；组织党员做好群众工作，及时反映群众的情绪和要求；培养入党积极分子，协助支部做好发展党员工作；按时收缴党费。

党小组长通常由所在小组的党员推选产生，特殊情况下也可由支委会指定。任期一般和党支部委员会任期相同，可在改选支部委员会的同时改选党小组长。

由于预备党员正处在党组织的教育和考察的过程中，没有选举权、被选举权和表决权；又由于预备党员对党的基本知识和党的组织程序还不很熟悉。因此，预备党员不能担任党小组长。

21 党小组与团小组和村民小组是领导与被领导的关系吗？

咨询问题：我们村在城市郊区，跟其他农村比起来，经济总量大，人口比较多，企业也比较多，各类组织相对比较健全，比如党支部、团支部、妇联、工会等，都有。最近，上级要求根据人员的变化，适当调整各类组织。请问：党小组与团小组和村民小组是领导与被领导的关系吗？

解答：党小组与团小组、工会小组、村民小组之间不存在领导与被领导的关系。但党小组应加强与团小组、工会小组、村民小组的联系，支持和帮助它们开展工作，并可通过党员的作用来影响它们的工作，努力在党组织和群众组织之间发挥桥梁和纽带的作用。

22 党支部应怎样指导帮助党小组开展工作？

咨询问题：我今年刚当选为村党支部委员，分工主要负责党组织建设。前几天，乡领导检查我村工作后，比较满意，只是提出要进一步抓好党小组的建设，下力气指导帮助他们开展好工作。请问：党支部应怎样指导帮助党小组开展工作？

解答：党支部主要应从以下五个方面加强对党小组的指导帮助：

（1）及时向党小组长传达上级党组织的指示和决议；

（2）围绕党的中心工作，定期向党小组长布置任务，提出具体要求，以保证各项工作的完成；

（3）经常听取党小组长的工作汇报，帮助他们解决工作中遇到的困难；

（4）定期总结交流党小组的工作经验，搞好对党小组长的培训，不断提高他们的思想水平和工作能力；

（5）指导、帮助党小组长安排好党小组的活动。

23 党员发展工作的总体要求和程序是什么？应着重把握哪些环节？

咨询问题：近期，我陪乡里的党委书记到县里参加党建工作述职会。各乡镇和县直各单位的党组织负责人汇报本单位党建工作情况后，县委主要领导专门强调指出：各单位要根据党员发展工作的总体要求，结合本单位本地区实际，建立健全党员发展工作的制度机制，严格程序，抓住着急环节，确保党员发展质量。请问：党员发展工作的总体要求和程序是什么？应着重把握哪些环节？

解答：根据《党章》和中共中央办公厅《关于加强新形势下发展党员和党员管理工作的意见》以及《中国共产党发展党员工作细则》等有关规定，发展党员工作应当贯彻党的基本理论、基本路线、基本纲领、基本经验、基本要求，按照控制总量、优化结构、提高质量、发挥作用的总要求，坚持党章规定的党员标准，始终把政治标准放在首位；坚持慎重发展、均衡发展，有领导、有计划地进行；坚持入党自愿原则和个别吸收原则，成熟一个，发展一个。禁止突击发展，反对“关门主义”。

发展党员的具体程序为：要求入党的人向党组织递交入党申请书——确定入党积极分子——对入党积极分子进行培养教育和考察——确定发展对象——对发展对象进行培养教育和审查——接收

为预备党员——对预备党员进行教育、考察——预备党员转正。

发展党员应着重把握的环节：

（1）加强对要求入党的积极分子的培养教育和考察工作。基层党组织要对每一个申请入党人的入党动机、政治觉悟、思想品质、工作和社会表现、经历、政治历史、直系亲属和与本人联系密切的主要社会关系等方面，进行认真负责的了解，针对他们的情况，采取多种形式，进行培养教育。

（2）坚持党员标准，把住党员队伍的“入口关”。发展党员，一定要坚持按党章规定的党员标准衡量，不具备党员条件的，不管是什么情况，是什么人，都不得吸收到党内来。严格防止企图利用执政党的地位谋取私利或投机钻营的人混入党内。

（3）严格履行接收新党员的手续。发展党员，必须个人自愿申请，个别履行入党手续。支部大会讨论前，支委会要注意听取党内外群众的意见，进行严格的审查，认为合格后再提交支部大会讨论。支部大会经过讨论，举手或无记名投票表决。上级党组织审批前，要指派专人同申请人谈话，作进一步考察，如认为合格，经党委集体讨论、表决决定，不能由个人或少数人说了算。

（4）做好对预备党员的教育、考察和转正工作。预备党员预备期满能否转正，要以是否履行党员义务、符合党员条件为依据，不能降格以求。防止和纠正平时不教育、不考察，到期草率转正，或者随意取消预备党员资格的错误做法。

（5）坚决纠正发展党员工作中的不正之风。任何党组织和党员干部，都不得利用职权搞突击发展、强令发展或把不具备条件的人拉入党内，不准以吸收入党为条件搞不正当交易。凡是违背党章规定而发展的党员，都不予批准或承认；对有关人员，应严肃处理。

24 发展党员应坚持哪些原则？如何理解这些原则？

咨询问题：我想申请加入中国共产党，向组织递交了入党申请书，党支部书记也代表组织找我谈话了，说发展党员是个严肃而神圣的事情，组织上一方面要坚持原则，把优秀积极分子吸收入党，同时要加强对我的培养锻炼，增强党性觉悟和党性原则，希望我早日入党。我听了很高兴，请问：发展党员应坚持哪些原则？如何理解这些原则？

解答：根据《党章》第5条、《中国共产党发展党员工作细则》第3条以及中央其他文件精神，发展党员应坚持以下几条原则：

（1）必须坚持党性原则。坚持党性原则就是严格按照党员标准发展党员，坚持五湖四海原则，以共产主义事业为根本目标，既不把不符合党员标准的人吸纳到党内来，也不把符合党员条件的同志拒在党的大门之外，坚决克服和反对派性和山头主义。切实把住新党员的“入口关”，这也是保证发展党员质量的一条重要原则。

（2）必须坚持有计划发展的原则。要从实际出发，既考虑事业的发展和实际需要，又考虑入党积极分子队伍的数量和成熟程度，使发展党员保持一个均衡的速度。不仅要宏观地提出发展数量、结构分布要求，还应着重提出工作上的要求和措施，防止出现发展党员大起大落等现象。

（3）必须坚持入党自愿的原则。对没有入党要求的人不能采取说服动员的方式，使其在并非自愿的情况下，向党组织提出入党申请。这是因为申请入党，就意味着做好承担一个共产党员的政治责任的准备，决心为党的事业奋斗终身，在党和人民利益需要的时候，能够义无反顾地牺牲自己的一切。这是需要本人经过郑重思考的，必须自愿，来不得半点勉强。如果入党不是建立在自愿的基础之上，就不可能自觉地用党员标准去规范自己的言行，甚至做出与党的要求背道而驰的事情，对党造成损害。因此，不能“拉”人入党。对一些没有入党要求的人，无论社会声望多高，能力多强、贡献多大，都不能强迫或动员他们入党。

（4）必须坚持个别吸收的原则。是指对入党积极分子要逐个进行考察和审查。发展入党时，要逐个履行入党手续；支部大会讨论时，要逐个进行讨论和表决；党委审批时，要逐个进行审议和表决。坚持个别吸收的原则，并不是说每次支部大会只能讨论一个申请人入党，是禁止突击发展。如果一次支部大会讨论两个以上的申请人入党时，应逐个讨论表决，逐个履行入党手续，不能成批发展。只有这样，才能做到成熟一个发展一个，确保发展党员质量。

25 哪些人可以申请入党？28周岁以下未入团的青年可否直接申请入党？

咨询问题：最近，村里的干部们找我谈话，说村支部出台了一个村“两委”班子后备人选培养计划，要我积极向组织靠拢。我今年25岁，上学的时候没有加入共产主义青年团，毕业后也就没再提起此事，一直不是团员身份。请问：哪些人可以申请入党？28周岁以下未入团的青年可否直接申请入党？

解答：根据《党章》第1条和《中国共产党发展党员工作细则》第5条的规定，凡是年满十八岁的中国工人、农民、军人、知识分子和其他社会阶层的先进分子，承认党的纲领和章程，愿意参加党的一个组织并在其中积极工作、执行党的决议和按期交纳党费的，可以申请加入中国共产党。

根据有关文件规定，28 周岁以下青年入党，一般应从团员中发展。这是因为共青团是党领导的先进青年的群众组织，是广大青年在实践中学习中国特色社会主义和共产主义的学校，是党的助手和后备军。在一般情况下，一个政治上积极要求进步的青年应当首先加入共青团组织，使共青团成为党组织发展青年党员的主要来源。因某些特殊情况，有的青年虽然没有入团，直接申请入党也是可以的。确已具备党员条件的，党组织也可以吸收他们入党。

26 外出务工经商人员和自谋职业者要求入党，应向哪里的党组织提出申请？

咨询问题：我是一名外出打工人员，最近看新闻宣传报道，感觉党员的形象越来越好，带领群众共同奔小康的作用也越来越重要，不禁萌发了想入党的念头。请问：像我们这些外出务工经商人员和自谋职业者要求入党，应向哪里的党组织提出申请？

解答：根据《中国共产党发展党员工作细则》等相关规定，外出务工经商的人要求入党，可根据时间长短来确定。一般来说，在一个地方（单位）工作时间不满一年，入党申请应向原单位或户口所在地的乡镇、街道党组织提出；外出务工经商在一个地方（单位）工作超过一年的，入党申请可向现工作地（单位）党组织提出。上述人员无论是原单位党组织，还是户口所在地的乡镇、街道党组织，或是其现在工作地（单位）的党组织，对他们的入党申请，都应当热情欢迎，并负责做好对他们的培养教育和考察工作。对在一个地区（单位）连续工作两年以上，确实具备党员条件的，经征求其原所在单位或所在地党组织的意见，可以吸收他们入党。

待业或自谋职业的人要求入党，应向居住地党组织提出申请。因为待业或自谋职业的人，没有单位进行管理，一般只归所在街道负责，所以，他们的入党申请应向居住地党组织提出，并由街道党组织负责对他们进行培养、教育和考察。参加了个体劳动者协会的人要求入党，可以向个体劳动者协会或其主管部门党组织提出申请。接受申请的党组织负责对他们进行培养、教育和考察，在他们具备党员条件时，要适时吸收他们到党的组织中来。

27 党组织收到入党申请书后，应在多长时间内同申请人谈话？

咨询问题：我最近向党支部递交了入党申请书，心里忐忑不安，不知道党组织能否批准我的申请。请问：党组织收到我的入党申请书后，应在多长时间内同我谈话？

解答：中共中央办公厅2014年印发的《中国共产党发展党员工作细则》指出：党组织收到入党申请书后，应当在一个月内派人同申请人谈话，了解基本情况。因此，党组织最迟应在不超过一个月的时间内派人同你谈话。

28 什么是入党积极分子？入党积极分子应具备哪些条件？确定入党积极分子有哪些程序？

咨询问题：我上个月向所在的党支部递交了入党申请书，不久，村党支部的组织委员找我谈话，要我接受组织的考验和锻炼。前几天，组织委员告诉我，说我已经被列为入党积极分子了。请问：什么是入党积极分子？入党积极分子应具备哪些条件？确定入党积极分子有哪些程序？

解答：入党积极分子，是指入党申请人经党组织讨论研究，被列为培养教育和考察的对象。入党积极分子除了具备《党章》第1条规定的条件外，一般还应具备以下条件：（1）向党组织递交了书面入党申请，入党信念坚定；（2）有一定的政治觉悟，思想进步，作风正派，团结同志；（3）在生产、工作、学习和社会活动等方面表现较积极。

入党申请人能否列入入党积极分子，不能由某个人或者几个人决定，而应按照一定的组织程序讨论决定。具体程序是：

第一，入党申请人提出书面申请。

第二，党小组或团组织向党支部推荐入党积极分子。

第三，党支部委员会经过认真衡量和审议，确定入党积极分子，并报上级党委备案。

第四，基层党委接到党支部上报备案的入党积极分子名单后，如无不同意见，应及时向党支部下发《要求入党的积极分子登记表》，并由党支部按表内规定的项目负责填写和保管。

第五，确定入党积极分子工作一般情况下应每年进行两次，分别于年中发展党员计划调整前和年末制定次年发展党员计划前，根据入党积极分子队伍状况和变化情况进行，使入党积极分子队伍成为动态体系，做到有进有出、有增有减。

29 党支部多长时间对入党积极分子进行一次考察？考察的主要内容有哪些？

咨询问题：我是一名村里的无职党员，前段时间，党支部开会讨论研究了一批入党积极分子，并分工专人对其进行培养考察。我负责其中一人。请问：党支部多长时间对入党积极分子进行一次考察？考察的主要内容有哪些？

解答：根据《中国共产党发展党员工作细则》第 11 条的规定，党支部每半年要对入党积极分子进行一次考察。考察的主要内容是“四看”，即一看入党动机是否端正，二看思想觉悟是否高，三看政治品质是否好，四看工作、学习等方面表现是否积极。考察的结果要记入《入党积极分子教育考察登记表》，作为衡量入党积极分子是否具备党员条件的重要依据。

30 党小组在对入党积极分子的培养教育和考察中，要承担哪些责任？

咨询问题：前几天，我们党支部就入党积极分子培养教育和考察的有关问题进行了研究，将确定的几个入党积极分子分别列入几个党小组进行培养教育。请问：党小组在对入党积极分子的培养教育和考察中，要承担哪些责任？

解答：根据相关规定和文件精神，在对入党积极分子的培养教育和考察中，党小组要担负的责任有五个方面：

（1）发现并向支部推荐申请入党的人为要求入党的积极分子；

（2）落实支部对要求入党的积极分子的培养、教育、考察计划和措施；

（3）协助支部考察要求入党的积极分子的入党动机、政治觉悟、思想品质和实际表现；

（4）了解要求入党的积极分子的思想和工作表现情况，并向支部汇报；

（5）根据要求入党的积极分子的成熟程度，向党支部提出能否列为发展对象的意见。

31 入党积极分子调动时，调出和调入单位的党组织应分别注意哪些问题？

咨询问题：最近，我们镇政府对在政府购买服务的公益岗位工作的人员进行调整时，有5名入党积极分子调出，有3名入党积极分子调入。请问：入党积极分子调动时，调出和调入单位的党组织应分别注意哪些问题？

解答：入党积极分子调动工作单位，调出单位党组织应将他们的入党申请书、思想汇报、培养教育和考察材料以及党组织对其鉴定的意见等有关材料，及时转给调入单位党组织。调入单位党组织收到有关材料后，要及时进行研究，同新转来的入党积极分子谈话，了解其思想和各方面的情况，并落实对其继续培养教育和考察的措施（包括指定党员作其培养联系人）。

在调动单位已经接受一年以上培养教育的入党积极分子，调入单位党组织经全面考察，确认已经具备党员条件时，可列为发展对象。

32 召开支部大会讨论接收预备党员前，支委会应做好哪些准备工作？

咨询问题：我是村党支部的一名群工委员兼职保卫（密）委员。今天上午开会决定，准备下周召开支部大会讨论接受预备党员有关事宜，因组织委员外出，会议决定由我协助支部书记做好召开支部大会的有关会务准备。请问：支委会应做好哪些准备工作？

解答：召开讨论接收预备党员的支部大会前，一般要做好以下几项工作：

（1）广泛征求党内外有关群众对发展对象的意见。

（2）由支部负责同志或组织委员同发展对象谈话，进一步了解他对党的认识、入党动机以及其他需要了解的情况。

（3）召开支委会，听取入党介绍人关于发展对象的情况汇报，对发展对象填写的《入党志愿书》和有关问题进行审查。

（4）经支委会讨论，确认发展对象具备入党条件，手续完备后，决定提交支部大会进行讨论。

33 支部大会讨论接收预备党员时，对到会人数有哪些要求？发展对象和入党介绍人可否缺席？

咨询问题：村支部委员会会议决定下周三召开支部党员大会，主要讨论2名入党积极分子的入党事宜。根据党支部的分工，我在通知全体党员参加会议时，有好几个人都说在外面，赶不回来，要求请假。更要命的是，其中一名发展对象和一名入党介绍人也要求请假。请问：支部大会讨论接收预备党员时，对到会人数有哪些要求？发展对象和入党介绍人可否缺席？

解答：根据《党章》《中国共产党发展党员工作细则》等规定，讨论接收预备党员的支部大会，有表决权的到会人数超过应到会人数的一半，会议有效。到会人数虽超过半数，但缺席人数较多，一般应改期召开。因支部大会表决通过接收预备党员的决议时，赞成人数超过应到会有表决权人数的半数，方可作出同意接收申请人为预备党员的决议。如缺席人数较多，表决通过时，赞成人数往往难以超过应到会有表决权人数的一半。

讨论接收预备党员的支部大会，申请入党人必须参加。如申请入党人不能参加会议，支部大会应当改期，不能在入党人缺席的情况下讨论其入党问题。入党介绍人一般都应参加支部大会。如两名入党介绍人都不能参加会议，支部大会应当改期。

34 党员多数分散在外地工作的党支部，能否采取分点讨论通过的办法接收预备党员？

咨询问题：我们村比较穷，大多数年轻力壮的人到外面打工去了，包括一些党员，也是如此。昨天，村里准备召开会议，就预备党员的接收问题进行讨论表决，但由于在外打工人员近期难以赶回来，请问：能否采取分点讨论通过的办法来讨论接收预备党员？

解答：《党章》规定，发展党员必须经过支部大会讨论通过。因此，采取分点讨论通过的办法接收预备党员不符合《党章》规定。如果多数党员分散在外地工作，召开支部大会讨论时，有表决权的党员到会人数难以超过半数，可暂缓讨论，并设法创造条件召开支部大会。如党员确实难以集中，长期不能召开支部大会，则应考虑重新组建支部。

35 能否召开党的总支部大会讨论接收预备党员？

咨询问题：我们居委会管辖面积比较大，党员数量比较多，因而，经上级批准，成立了党的总支部委员会，下辖两个党支部。请问：在讨论接收预备党员时，我们能否召开本级党的总支部大会直接讨论接收预备党员？

解答：《党章》规定，发展党员必须经过支部大会通过。很显然，不经过党支部大会通过，而由党总支部大会直接讨论通过接收预备党员的做法是不符合《党章》规定的。在发展党员工作中，党总支部应加强对支部的指导，帮助支部做好发展党员的各项工作，把好发展党员的质量关。但不能避开支部，包办代替。

36 支部大会讨论接收预备党员的主要程序和表决方式是什么？

咨询问题：我是村里的一名党员，村里好几年都没有发展党员了，从去年起，党支部从村里挑选并培养了两名年轻人作为培养考察对象，准备下午召开支部大会讨论接收预备党员的相关事宜。请问：支部大会讨论接收预备党员的主要程序是什么？主要有哪些表决方式？

解答：召开支部大会讨论接收预备党员，是《党章》规定的必须履行的入党手续。根据《党章》《中国共产党发展党员工作细则》等规定，接收预备党员的主要程序是：

（1）一般由支部书记担任会议主持人，宣布开会，报告出席会议的党员人数，提出会议的议题及开好会议的具体要求。

（2）发展对象宣读《入党志愿书》，汇报自己对党的认识、入党动机、本人履历、现实表现、家庭主要成员和主要社会关系情况，以及需要向党组织说明的问题。

（3）入党介绍人介绍发展对象的主要情况和对其进行培养教育情况，并对其能否入党表明意见。

（4）支委会向支部大会报告对发展对象审查的情况及征求党内外有关群众意见的情况。

（5）与会党员充分发表意见，对发展对象能否入党进行讨论。

（6）发展对象表态，谈自己对大家提出意见的看法及今后的决心。

（7）采取无记名投票的方式进行表决。赞成人数超过应到会有表决权的正式党员的半数，才能通过接收预备党员的决议。因故不能到会的党员会前正式向支部提出书面意见的，应统计在有效票数内。

（8）支部书记对支部大会情况作简要总结，宣读支部大会的表决决议。支部委员会应将支部大会决议及时填入发展对象《入党志愿书》的有关栏目内，写明应到、实到党员人数，票决情况等，由支部书记签名盖章。若同意接收发展对象为预备党员，将其入党申请书、政审材料、培养考察材料、自传、思想汇报等及时报工委审批。

37 预备党员被支部大会通过批准后，支委会应做好哪些工作？

咨询问题：我们今天上午召开支部大会，讨论通过了两名发展对象的入党申请，成为预备党员。请问：预备党员被支部大会通过批准后，支委会应做好哪些工作？

解答：党支部报批的预备党员被支部大会通过接收后，支委会应做好以下工作：

（1）上级党组织的审批意见及时通知本人，并教育他按照《党章》规定的党员标准严格要求自己，在预备期间进一步接受党组织的教育和考察，争取按期转正。

（2）将上级党组织的审批意见在支部大会上宣布，也可张榜公布。

（3）及时将其编入党小组过组织生活，并通知他从支部大会通过其为预备党员之日起缴纳党费。

（4）落实对其教育和考察的措施，并要求入党介绍人当好对其教育和考察的联系人。

（5）对未被批准入党的同志，应向本人说明未被批准的原因，肯定其优点，指出其存在的主要问题和今后的努力方向，鼓励他继续进步。其《入党志愿书》由党支部保存备查（不存入本人档案）。

38 如何召开讨论预备党员转正的支部大会？会议有哪些程序？

咨询问题： 我是由于在精准扶贫工作中表现突出而被村里选举为村党支部书记的，此前虽然是党员，但对党务工作不是太熟悉。最近，我们准备召开支部大会讨论预备党员的转正问题，心里不太踏实。请问：如何召开讨论预备党员转正的支部大会？会议有哪些程序？

解答： 根据《中国共产党发展党员工作细则》等规定，召开讨论预备党员转正的支部大会应按如下步骤和程序进行：

首先，要做好召开会前的各项准备。主要有四项工作：

（1）预备党员按时以书面形式提出转正申请。对没有按时提出转正申请的预备党员，支部要了解情况，适时给予提醒。

（2）党小组对预备党员进行讨论，提出预备党员能否转正的意见，供支部参考。

（3）支委会审查预备党员考察表，根据预备党员的转正申请、党小组的意见和综合党内外群众意见，对照党员条件，全面分析研究预备党员能否转为正式党员，提出意见，提交支部大会讨论。

（4）确定大会时间、地点，通知应到会的支部全体党员（无特殊情况必须参加，有特殊情况应事先向支部请假，并表明对转正对象的意见）和入党积极分子（列席会议）。

其次，要严密组织会议。会议主要按以下程序进行：

（1）清点到会党员人数。由支部委员清点人数，向主持人

（通常由支部书记或组织委员主持）报告；主持人向大会报告应出席党员人数与实际到会人数；到会正式党员必须超过支部正式党员半数以上，方可宣布大会正式开始，如不足半数，大会应改期召开。

（2）主持人宣布大会开始和大会议题。

（3）表决通过本次转正大会的计票人、监票人。经到会党员的半数以上表决通过，方可确定计票人、监票人。

（4）申请转正的预备党员向大会宣读《转正申请书》，汇报自己在预备期间的表现，肯定成绩，找出缺点和不足，表明自己的态度和决心，必要时向党组织说明有关问题和情况。到会正式党员传阅《入党志愿书》《思想汇报》等转正材料，审查材料有无问题。

（5）党小组（入党介绍人）介绍预备党员在预备期间的表现情况和小组意见。

（6）支委会介绍预备党员在预备期间的教育和考察情况，点明存在的缺点，指出今后的努力方向，提出能否转正的意见。

（7）大会进行讨论，与会党员充分发表意见，主要是针对预备党员在预备期的表现，肯定成绩，指出不足，提出希望，并表明个人对该预备党员的转正意见。

（8）支部大会充分发扬民主，在党员畅所欲言的基础上，采取无记名投票方式对预备党员能否转正进行表决，按少数服从多数的原则作出决议（同意转正或延长预备期或取消预备党员资格）。赞成票数超过应到会有表决权的党员的半数，即可作出同意预备党员按期转为正式党员的决议。

（9）主持人宣读支部大会决议，决议的内容包括：预备党员在预备期的表现，支部大会讨论的情况，对预备党员的意见，表决情况（同意、不同意和弃权的票数各有多少），党员应到、实到会议人数，表决结果以及通过决议的日期等。申请转正的预备党员对支部大会讨论的意见或表决结果表态。

（10）支委会将支部大会决议填入入党志愿书，支部书记签名盖章后，报上级党委审批。

再次，转正大会结束后，要指派专人同该党员谈话，提出具体要求，在日后的工作中更好地发挥先锋模范作用。

39 预备党员表现突出，能否提前转正？

咨询问题：我们支部有一名预备党员，综合素质很过硬，平时表现非常好，工作中任劳任怨，尽心尽力，受到上上下下一致好评。请问：预备党员表现突出，能否提前转正？

解答：《党章》第7条规定："预备党员的预备期为一年。党组织对预备党员应当认真教育和考察。"《中国共产党发展党员工作细则》第32条也规定："预备党员的预备期为一年。预备期从支部大会通过其为预备党员之日算起。预备党员预备期满，党支部应当及时讨论其能否转为正式党员。认真履行党员义务、具备党员条件的，应当按期转为正式党员；需要继续考察和教育的，可以延长一次预备期，延长时间不能少于半年，最长不超过一年；不履行党员义务、不具备党员条件的，应当取消其预备党员资格。"据此可以得知，预备党员的预备期至少为一年，表现突出也不能提前转正。但如果表现不好，则有可能延长6—12个月。

实践证明，这是对预备党员进行有效教育和考察的一个比较合适的期限。时间短了难以起到应有的教育和考察的作用。预备党员在预备期间表现突出，正说明他经受住了党组织的考验，可以作为按期转正的依据，也可以给予表扬奖励，但不能采取提前让其转正的方式来进行“奖励”。

40 因故延期讨论转正的党员，党龄从何时起算？

咨询问题：我们村党支部有2名预备党员的考察期在上个月届满，党支部原计划在上个月召开支部大会讨论他们的转正问题，但由于当时村办企业发生安全生产责任事故，为妥善处理此事，村里的支委成员分赴各地，对职工家属进行安抚，对劳动合同延期等问题进行善后协商，导致会议延期。请问：因故延期讨论转正的预备党员，党龄从何时起算？

解答：预备党员预备期满，党支部应及时讨论他能否转为正式党员。对因某些原因延期讨论转正的预备党员，其党龄从何时起算，应视不同情况而定：

预备期满时具备党员条件，在支部大会延期讨论期间也一直具备党员条件的，应算按期转为正式党员，党龄从预备期满转为正式党员之日起算。

预备期满时具备党员条件，而支部大会延期讨论时表现退步或发现新问题，不具备或不完全具备党员条件，应视问题的情节和本人的认识态度，决定延长预备期或者取消预备党员资格，党龄无从算起；

预备期满时不具备党员条件，而支部大会延期讨论时有了转变，基本具备党员条件，一般应适当延长预备期（延长的预备期从预备期满之日起算），继续教育考察一段时间，如转变和表现突出，党内讨论认为可以转正，也不能作为按期转正。党龄应从支部大会讨论通过其转为正式党员之日起算，不能从预备期满之日起算。

41 直系亲属被判刑的人、有宗教信仰的人和精神病人，以及在大陆工作的港澳台同胞能否申请入党？

咨询问题：我是村办企业的党支部成员。近期，一些职工陆续向我递交了入党申请书，从我了解的情况看，这些人中成分比较复杂，有的系亲属被判刑，有的有宗教信仰，有的是曾经的精神病人，还有一名在我们企业担任技术总监的港澳台同胞。请问：这些人能申请入党吗？

解答：《党章》第1条明确规定："年满十八岁的中国工人、农民、军人、知识分子和其他社会阶层的先进分子，承认党的纲领和章程，愿意参加党的一个组织并在其中积极工作、执行党的决议和按期交纳党费的，可以申请加入中国共产党。"

至于直系亲属被判刑的人能否入党的咨询问题：党组织要具体情况具体分析，既不能不加分析，不看本人的现实表现，一概以本人家庭有问题为由拒绝吸收其入党；也不能未经认真考察了解，轻率地把他们吸收到党内来。对这些同志，如果经过较长时间考验、一贯表现较好，并且能正确认识被判刑的直系亲属所犯的错误，又确实具备党员条件，经党组织严格审查，可以吸收其入党。

至于有宗教信仰的人能否入党的咨询问题：答案是否定的。共产党员是唯物论者和无神论者，只能信仰马列主义、毛泽东思想，不得信仰宗教。对信仰宗教或有浓厚宗教感情的人不能发展入党。需要注意的是，我国是一个多民族国家，在信教比较普遍的少数民族聚居的地区，要把信教同参加某些民族风俗活动区别开来。对于主要是为了尊重或随顺民族风俗，参加的有关活动如婚丧仪式和群众性节日活动等，不应视为信仰宗教或参加宗教活动。

至于曾患过精神病的人能否入党的咨询问题：如果该同志经医院诊断确已痊愈，本人表现积极，并确实具备了党员条件的，党组织可以吸收其入党。但对那些患病后尚未痊愈，或时好时犯的同志，党组织应暂缓考虑其入党问题。

至于港澳台同胞能否入党的咨询问题：根据《党章》第 1 条的规定，申请加入中国共产党，必须是中国公民，也就是说必须具有中国国籍。港澳台是我国的一部分，港澳台同胞当然是我国公民。因此，对工作（居住）在祖国大陆的港澳台同胞（加入外国国籍的除外），只要符合党章第 1 条规定，就可以申请加入中国共产党。但考虑到港澳台现状，党组织在接收港澳台同胞时，如本人提出不要公开其党员身份，党组织应尊重本人的意见。

42 被开除党籍以及退党或除名的人能否重新入党?

咨询问题：前段时间，我们县纪委报经县委批准，对一批顶风违纪人员进行了党纪处理，有的被开除党籍，有的被劝退，有的被除名，受到了广大干部群众的拍手称赞。我想问一下，那些被开除党籍以及退党或除名的人能否重新入党？

解答：因触犯刑律或犯错误被开除党籍的人，以及退党或因违纪违规等原因被除名的人要求入党，党组织既应给他们改正错误的机会，又要持十分慎重的态度。在这些人中，只有经过党组织长期培养、教育和考察，如果确实具备了共产党员条件的，可以吸收其重新入党。重新入党，都要经所在单位党组织同原处理单位党组织协商，由所在单位党支部和党委讨论通过，并报县以上党委组织部门协助审查，由县以上党委批准。

根据《中国共产党纪律处分条例》第 12 条规定：“党员受到开

除党籍处分，五年内不得重新入党。”但被清除出党的人，不能再重新入党。

43 吸收私营企业主中的先进分子入党应注意哪些问题？其审批权限是如何规定的？

咨询问题：最近，我们工业园区有几名私营企业的负责人向我们党支部递交了入党申请书，党支部下步要专门对此进行讨论研究。请问：吸收私营企业主中的先进分子入党应注意哪些问题？应该由哪一级审批？

解答：根据中共中央组织部《关于进一步做好新形势下发展党员工作的意见》，吸收私营企业主中的先进分子入党，要坚持党章规定的党员标准，必须符合“承认党的纲领和章程、自觉为党的路线和纲领而奋斗、经过长期考验、符合党员条件”的要求。针对私营企业主的特点，在确定发展对象时，要注意考察他们的入党动机、个人历史、政治表现，特别是在重大政治问题上的表现，同时，还应注意把握以下具体要求：①财产来源合法，用之得当，模范守法经营，自觉依法纳税；②关心爱护员工，保障员工的合法权益；③诚实守信，有良好的品行，热心社会公益事业，群众公认；④积极支持建立企业党组织和工会、共青团组织，为其开展工作提供必要条件。

在接收预备党员前，基层党委要将发展对象的有关材料报县一级党委组织部门审查。审查合格后由支部大会讨论，通过后报基层党委批准。对那些所在企业规模较大、跨地区跨国经营或其他情况特殊的发展对象，经支部大会讨论通过后，可以由县级或县级以上党委审批。预备党员转正的审批权限与接收预备党员的审批权限一致。

44 接收预备党员由哪一级审批？

咨询问题：我们村的经济总量比较大，外来人口比较多，党员人数也相对较多，因而经上级批准，在正式选举前，我们村成立了临时党委。最近，我们准备研究预备党员的发展、培养与考察问题。请问：预备党员的审批权限是怎么规定的？

解答：根据《中国共产党发展党员工作细则》第 23 条的规定，预备党员必须由党委（工委）审批。

乡镇（街道）党委所属的基层党委，不能审批预备党员，但应当对支部大会通过接收的预备党员进行审议。

党总支不能审批预备党员，但应当对支部大会通过接收的预备党员进行审议。

除另有规定外，临时党组织不能接收、审批预备党员。

党组不能审批预备党员。

45 临时党组织能否接收、审批预备党员？

咨询问题：前段时间我们这里发生了地震。灾情发生后，党委政府高度重视，迅速成立了“抗震救灾指挥部”，同时，根据人员情况成立了临时党委。在工作期间，有几个从部队退役回来的小伙子表现非常好，在抢险救灾中发挥了很大作用，令人钦佩。最近，他们又向我们临时党委递交了入党申请。请问：临时党组织能否接收、审批预备党员？

解答：根据《中国共产党发展党员工作细则》第 23 条的规定，一般情况下，临时党组织不能审批预备党员。这是因为，临时党组织（指临时党支部、临时党总支、临时党委）是为了完成某项临时性任务或筹建某个新单位而建立的，这项任务完成或这个单位建立起来以后，临时党组织即行撤销或选举产生正式党组织。临时党组织不是按照党章规定由选举产生的一届组织，具有临时性的特征，稳定性较差，组建时间一般不超过两年，难以对入党积极分子进行系统的培养教育和考察，难以保证发展党员的质量。因此，临时党组织一般不能接受、审批预备党员。

既然有“一般”，也就有“例外”。那么，这个“例外”是指什么呢？中共中央组织部2008年印发的《关于做好在抗震救灾第一线发展党员工作的意见》提出：“经上级党组织批准，在抗震救灾第一线成立的临时党组织，可按规定做好在抗震救灾第一线发展党员工作。”简言之，就是在紧急情况下，临时党组织经上级批准，可以开展火线入党活动。

46 基层党委在批准发展对象入党前，是否必须要派人同他谈话？怎么谈？谈完话后要做好哪些工作？

咨询问题：最近，乡党委领导指派我代表组织，同拟批准的发展对象进行谈话。此前，我没有做过这项工作，心里没底，不知从何做起。请问：基层党委在批准发展对象入党前，是否必须要派人同他谈话？怎么谈？谈完话后要做好哪些工作？

解答：《党章》第5条第5款规定：“上级党组织在批准申请人入党以前，要派人同他谈话，作进一步的了解，并帮助他提高对党的认识。”《中国共产党发展党员工作细则》第24条也明确：“党委审批前，应当指派党委委员或组织员同发展对象谈话，作进一步的了解，并帮助发展对象提高对党的认识。”这样做，一方面使党委能直接了解发展对象的情况，保证审批意见准确，防止不具备党员条件的人混入党内；另一方面通过谈话，可以有针对性地帮助发展对象进一步提高对党的认识，端正入党动机。

谈话内容，应根据不同对象来确定，一般应从以下几方面对其进行考察和教育：

（1）发展对象对党的认识是否正确。

（2）发展对象入党动机是否端正，是否树立全心全意为人民服务的思想，有无为党的事业奋斗终身的决心。

（3）发展对象思想觉悟和政治上成熟的程度。

（4）发展对象的政治品质和工作态度。

（5）发展对象对党的基本知识的理解和掌握的情况。

（6）发展对象对自己缺点和不足的认识及今后改进的打算。

（7）发展对象政治历史和其他方面的问题。

最后要简要归纳：肯定成绩，鼓励进步，指出不足，明确努力方向。

根据《中国共产党发展党员工作细则》第24条规定，上级派人与发展对象谈话后，还要做好以下工作：

（1）向党支部（总支部）负责人说明谈话的情况（已参加谈话的除外），并与其交换意见。

（2）将谈话的情况和对发展对象入党的意见整理后填入入党志愿书。

（3）向党委汇报谈话的情况和对发展对象入党的意见。

47 乡镇党委审批预备党员时应注意哪些问题?

咨询问题：我原来在县政府办当副主任，跟党务工作接触了解相对较少。前几天由组织安排，调任某镇任党委书记，正在熟悉工作之中。最近，党委所属支部发展了几名党员，日前已经上报待批。请问：基层党委在审批预备党员时要注意哪些事项？

解答：审批预备党员是一项严肃而重要的工作，直接关系到保持党组织的先进性和纯洁性，提高党的战斗力这一重大问题，因此必须坚持党委会集体讨论，并按少数服从多数的原则作出决定。《中国共产党发展党员工作细则》第25条规定：党委审批预备党员，必须集体讨论和表决。这样做，有利于贯彻党的民主集中制的原则，充分发挥每个党委委员的作用，依靠集体智慧和力量把住党员的“入口”关。可避免个人或少数人决定重要问题，防止发展党员工作中的不正之风。

党委在审批预备党员时，需要注意以下几个问题：

（1）不能用党委成员传阅的办法代替集体研究。基层党委审批预备党员时，要听取指派谈话人和负责发展党员工作的部门介绍审批对象的情况，并进行充分讨论，集体作出是否批准其入党的决定。采取传阅的办法是不严肃的，而且不同意见无法交换，起不到党委集体把关的作用，难以保证新党员的质量。

（2）不能由主管书记、组织委员及有关具体经办人员组成的碰头会代替集体讨论。因为由党委主管书记、组织委员及具体经办人员组成的碰头会，不是党的一级组织，以这种方式审批预备党员的做法，是有悖于党章规定的。

（3）不能由党委书记独自代表党委审批。党委书记虽然是党委“一班人”的“班长”，但只是日常党务工作的组织者和主持者，也不能代表党委审批预备党员，必须由党委集体讨论、表决决定。

（4）不能一次性通过多人的入党表决。一次党委会上如果同时审批两个或两个以上的人入党，应逐个审查和表决。

（5）填写“党委审批意见”时，应写清楚被批准的预备党员预备期起止时间，同时通知报批的党支部。

48 基层党委会审批预备党员时，主要审议哪些内容？审批时限是怎么规定的？超过时限怎么处理？

咨询问题：过几天，乡党委将召开党委会研究审批预备党员的有关问题。我是刚由乡党委宣传委员调整为组织委员的，对党务工作这一块不是特别了解，尤其是如何审议研究预备党员，以及什么时候进行审议，超过时限怎么处理等问题不太了解，请帮忙解答一下，好吗？

解答：根据《党章》和《中国共产党发展党员工作细则》相关规定，党委在审批预备党员时，主要审议发展对象是否具备党员条件、入党手续是否完备。具体来讲：

一是审议培养教育和考察工作是否达到要求。主要看其所在单位的党组织，是否采取有效措施对其进行了一年以上的培养教育和考察，是否经过短期集中培训。

二是审议政治审查是否合格。主要看政治审查的内容是否都清楚，重要内容是否查清。

三是审议入党手续是否完备。主要看其是否按照《党章》和《中国共产党发展党员工作细则》的规定履行入党手续。

四是审议是否具备党员条件。主要看其入党动机是否端正，政治觉悟是否高，道德品质是否好，工作、学习和社会活动等方面的表现是否突出。对未经过党组织一年以上（个别表现突出者除外）的培养教育和考察，政治审查不合格，入党手续不完备，先进性不明显，不得批准入党。

党委对支部上报的接收预备党员的决议，应当在3个月内审批。超过3个月未予审批的，原报批党支部应对发展对象进行复议，并提出复议意见，附在“支部大会通过接受申请人为预备党员的决议”栏上，然后再报党委审批。如遇特殊情况，可适当延长审批时间，但不得超过6个月。超过6个月未予审批的，原报批党支部要为发展对象重新办理入党手续（包括重新填写入党志愿书）。无故超过规定时间而未予审批的，应追究有关人员责任。

49 入党宣誓仪式通常如何组织？一般有哪些程序？应注意哪些问题？

咨询问题：我是一名大学生“村官”，同时也是村党支部的书记助理。最近，村党支部准备在烈士陵园组织一次预备党员的入党宣誓仪式，并分工我具体负责组织。请问：入党宣誓仪式通常如何组织？一般有哪些程序？在组织过程中，通常应注意哪些问题？

解答：入党宣誓仪式，一般由基层党委或党总支负责组织，也可以由党支部组织（党小组不能组织）。由党支部（总支部）组织入党宣誓仪式时，上级党组织应派人参加。

入党宣誓仪式的程序通常有以下几项：

第一，主持人宣布宣誓仪式开始，奏（唱）《国际歌》；

第二，党组织负责人讲话，并宣读参加宣誓的预备党员名单；

第三，宣誓。宣誓人列队，面对党旗，举右手握拳过肩，宣读誓词。誓词读完，当领读人读“宣誓人”后，宣誓人按照排列顺序，逐个报自己的姓名。如果参加宣誓的人数较多，也可齐声各自报自己的姓名。

第四，参加宣誓的预备党员代表发言；

第五，请应邀出席入党宣誓仪式的老党员、优秀党员和入党积极分子代表发言；

第六，党组织负责人讲话（如上级党组织派人参加，应请其讲话）；

第七，主持人宣布宣誓仪式结束。

举行入党宣誓仪式应注意的几个问题：

（1）入党宣誓仪式会场要布置得庄严、朴素、整洁。主席台正中要悬挂党旗和“入党宣誓仪式大会”会标，会标应置于党旗上方。

（2）参加宣誓的人员应面向党旗，列队站好，举起右手，握拳过肩。参加宣誓的预备党员列队面向党旗，持立正姿势，举起右手，握拳过肩（注：考虑到入党宣誓大会往往有许多党员和入党积极分子参加，如果宣誓人的后背朝着与会人员，容易影响大会的宣传、教育效果，故宣誓人也可以半侧面朝向党旗）。

（3）领誓人一般由党组织或组织部门负责人担任，与宣誓人的朝向一样，站在宣誓人的前面或一侧，举起右手，握拳过肩。

（4）宣誓仪式按程序进行，领誓人逐句顿读誓词，宣誓人齐声跟读，态度要认真，声音要洪亮、激昂。

（5）领读完誓词，领誓人读到“宣誓人”时，参加宣誓的人员要依次报出自己的姓名（人数众多时也可一齐报出各自的姓名）。

（6）宣誓仪式只要条件允许，一定要在正式的场合举行。如在革命历史纪念馆、烈士陵园和英雄塑像前举行仪式时，也要悬挂（或者展开）党旗。特别需要强调的是，悬挂的党旗一定要使用符合中共中央组织部规定标准的，不能使用不规范的党旗，更不能在无党旗的情况下举行入党宣誓仪式。

（7）举行入党宣誓仪式时，可有目的地邀请一些入党积极分子参加，但不能太多。要让参加宣誓仪式的入党积极分子能从中受到教育，对他们真正起到鞭策和激励的作用。

CHAPTER

第二章

组织建设

1 入党积极分子一般应具备哪些条件后方可确定为发展对象？

咨询问题：我大学毕业回来后，自行创业，目前已有明显的效益。上个月，我向村党支部递交了入党申请书，经支部研究，被列为入党积极分子，心里特别高兴，感觉在向组织靠拢的征途上又前进了一大步。但我想知道，被列为入党积极分子后，还需要具备哪些条件才能被确定为党员发展对象？

解答：根据《党章》《中国共产党发展党员工作细则》等相关规定，确定入党积极分子为党员发展对象，一般要具备以下条件：

（1）一般应经过党组织一年以上的培养、教育和考察。培养、教育和考察的时间不到一年，除个别表现特别突出者外，一般不宜过早确定为发展对象。

（2）规定的教育内容基本完成。根据《中国共产党发展党员工作细则》第10条规定，党组织要对要求入党的积极分子进行马克思列宁主义、毛泽东思想和中国特色社会主义理论体系教育，党的路线、方针、政策和党的基本知识教育，党的历史和优良传统、作风教育以及社会主义核心价值观教育，使他们懂得党的性质、纲领、宗旨、组织原则和纪律，懂得党员的义务和权利，帮助他们端正入党动机，确立为共产主义事业奋斗终身的信念。

未进行上述内容教育，对党的基本理论、基本路线、基本知识不了解或知之甚少的，不能确定为发展对象。

（3）基本具备党员条件。确定入党积极分子为发展对象，必须符合《党章》规定的党员条件。对先进性不明显、群众威信不高、不具备党员条件的，不能确定为发展对象。

2 入党介绍人怎样确定？应注意哪些问题？为什么必须要有两名正式党员担任？

咨询问题：我准备向党组织靠拢，便向老党员们请教有关问题。他们告诉我，入党不光要写入党申请书，还要有两名正式党员作为入党介绍人。我想知道，入党介绍人怎样确定？确定入党介绍人要注意哪些问题？为什么必须要有两名正式党员担任介绍人？

解答：《党章》第5条规定，申请入党的人“要有两名正式党员作介绍人”。《中国共产党发展党员工作细则》第9条规定：“党组织应当指定一至两名正式党员作入党积极分子的培养联系人。”从实际情况看，通常由自己邀请，如果因种种原因不便邀请，就由党组织指定。但这也要经本人同意，不能硬性指派。入党介绍人一般由培养联系人担任，因培养联系人了解发展对象的思想和工作情况。

确定入党介绍人应注意以下问题：

（1）入党介绍人不论是申请入党的人自己邀请，还是由党组织推荐或指定，均必须得到入党介绍人本人同意，不能违心地作入党介绍人。

（2）由党组织推荐或指定的入党介绍人，应征得申请入党人的同意，不能硬性指派。如申请入党的人不同意，应当重新确定。

（3）申请入党的人一般不宜请自己的亲属作入党介绍人。这样做，一是防止发展党员工作中的不正之风，二是避免党内外群众产生误解。

（4）预备党员、受留党察看处分、尚未恢复党员权利的党员，不能作入党介绍人。

《党章》之所以规定申请入党的人“要有两名正式党员作介绍人”，主要考虑：一是两个人作为入党介绍人，能够使党组织对申请入党的人考察更全面、客观，避免片面性，有利于保证新党员的质量；二是如果其中一名入党介绍人因工作原因出现调整变动时，另一名介绍人能继续代表党组织对申请入党人进行教育考察，有利于工作的连续性。

3 政治审查是入党的必经程序吗？政治审查的主要方法和内容有哪些？

咨询问题：我虽然是一名党员，但原来在外打工，除了近期交纳党费外，实际参与党的生活比较少。后来响应家乡号召，回乡创业，并在新一届村支部班子选举中当选为支部保卫委员。最近，支部研究了一批党员发展对象，会议分工我负责对他们进行政治审查。请问：政治审查是入党的必经程序吗？主要方法和内容有哪些？

解答：《党章》第5条规定：“党的支部委员会对申请入党的人，要注意征求党内外有关群众的意见，进行严格的审查，认为合格后再提交支部大会讨论。”《中国共产党发展党员工作细则》第19条也明确规定：“支部委员会应当对发展对象进行严格审查，经集体讨论认为合格后，报具有审批权限的基层党委预审。”因此，政治审查是入党的必经程序，没有经过政治审查的人，不能发展入党。

政治审查的主要内容有三项：一是对党的路线、方针、政策的态度；二是本人的政治历史和在重大政治斗争中的表现；三是直系亲属和与本人关系密切的主要社会关系等情况。政治审查要形成综合性的政审材料。

政治审查的基本方法是：同本人谈话、查阅有关档案材料、找有关单位和人员了解。经以上途径，仍有某些重要情况不清的，可以向外单位的有关人员进行函调或派人外调。函调或外调的问题必须是与发展对象能否入党密切相关的。没有多大关系的问题和一些不必要搞清楚的细枝末节，不必进行调查。同时，要注意，凡函调能解决的，就不要派人外出调查。

4 政治审查中的“直系亲属”和“主要社会关系”分别指哪些人？

咨询问题：在政治审查中关于“直系亲属”和“主要社会关系”的范围，我一直不太清楚，也咨询了好多人，包括律师、法官和警察等，大家的说法都不一致。请问：“直系亲属”和“主要社会关系”分别指哪些人？

解答：根据相关规定，“直系亲属”，一般是指发展对象的父母、配偶、子女，还包括自幼抚养其长大的养父母和由其抚养的养子女。长期同本人一起生活、关系密切的其他亲属，如祖父母、外祖父母、兄弟、姐妹等，必要时也应了解他们的政治情况。但对于同发展对象没有联系或者很少联系、对其政治态度影响不大的非直系亲属，可不列入政治审查的范围。

“主要社会关系”，是指本人父母和配偶以外的主要社会关系，在政治上、思想上、生活上与本人有密切联系的旁系亲属，如岳父母、分居的兄弟姐妹、伯、叔、姑、姨、舅等。

需要注意的是，审查发展对象的“直系亲属”和“主要社会关系”，并不要求调查上述范围内的每一个人，主要是了解那些在政治上、经济上与发展对象交往密切的人。

5 党员发展对象必须进行短期培训吗？培训时间和内容是怎么规定的？

咨询问题：我是一名自主创业的大学生，最近被确定为党员发展对象。前几天在外出差时，接到支部组织委员的电话通知，要求我近期赶回来，参加党员发展对象培训班。但由于手头的业务没有完成，近期赶不回来，请问：党员发展对象必须进行短期培训吗？培训时间和内容是怎么规定的？

解答：发展对象必须进行短期培训。根据《中国共产党发展党员工作细则》第17条规定，基层党委或县级党委组织部门应当对发展对象进行短期集中培训。培训时间一般不少于三天（或不少于二十四个学时）。培训时主要学习《党章》《关于新形势下党内政治生活的若干准则》等文件。中共中央组织部组织编写的《入党教材》，可以作为学习辅导材料。未经培训的，除个别特殊情况外，不能发展入党。

6 基层党委对支部上报的预审材料，主要审查哪些内容？

咨询问题：我是某乡党政办的一名工作人员。这几天，各个村（居）党支部都把发展对象的有关材料报到乡里。乡党委安排我协助组织委员对各单位报上来的材料进行预审。请问：对党支部上报的材料进行预审时，乡党委主要审查哪些内容？

解答：《中国共产党发展党员工作细则》第19条规定："基层党委对发展对象的条件、培养教育情况等进行审查，根据需要听取执纪执法等相关部门的意见。"从实际工作来看，基层党委对发展对象进行预审时，主要应审查以下内容：

（1）入党材料是否齐全、清楚，注意对材料的鉴别，防止有弄虚作假的现象。

（2）是否经过一年以上的培养教育和考察，培养教育和考察的措施是否扎实有效。

（3）是否经过政治审查，重要问题是否查清，本人主要经历、直系亲属和主要社会关系的政治情况是否清楚。

（4）是否广泛听取党员和群众的意见，群众反映是否好，群众威信是否高。

（5）入党信念是否坚定，入党动机是否端正，政治觉悟是否高，道德品质是否好。

（6）生产、工作、学习、社会生活等方面表现是否突出，先进性是否明显。

7 入党志愿书能否复印？

咨询问题： 上午在填写入党志愿书时，不小心写错了几个字，在涂改的过程中竟然弄坏了纸张，问了下组织委员，他说这个入党志愿书是按比例和人头发放的，没有多余的。请问：我能去重新复印一份吗？

解答：《中国共产党发展党员工作细则》第42条规定：“《中国共产党入党志愿书》的式样由中央组织部负责制定，省级党委组织部门按照式样统一印制，并严格管理。”据此，入党志愿书由各省、自治区、直辖市党委组织部，中央直属机关工委、中央国家机关工委组织部，国资委党委、各金融机构党委组织部，中央军委政治工作部组织局，香港工委、澳门工委组织部按照中央组织部提供的电子版统一印制，通过组织系统发放。其他任何单位和个人不得自行印制或销售，也不得使用复印的《入党志愿书》。

8 持党员证明信或流动党员活动证外出的预备党员如何办理转正手续?

咨询问题：我是一名预备党员，年初跟村里的一些老乡们外出打工时，村里当时为我们这些人分别开具了党员证明信或流动党员活动证等手续。现在，我们的预备期即将届满。请问：像我们这种情况如何办理转正手续?

解答：中共中央办公厅《关于加强和改进流动党员管理工作的意见》对党组织在流动党员管理工作中的主要责任提出了明确要求，其中，流出地党组织要“了解掌握外出流动党员情况，加强与流入地党组织的联系，配合流入地党组织共同做好流动党员外出期间的教育管理工作”，并“了解预备党员外出期间的表现，按规定做好预备党员转正工作”。《意见》还规定，流入地党组织的主要责任，是“对流动党员管理负有主要责任，要加强与流出地党组织的联系，把流动党员纳入本地党员教育管理的整体工作中”，“做好外来流动人员中预备党员的教育和管理工作”。由此可以看出，预备党员持流动党员活动证外出期间，如预备期满，应向原所在党组织提出转正申请，由原党组织按照规定的程序办理转正手续。办理这类预备党员转正手续时，党组织要通过查验流动党员活动证及其他途径，认真了解和考察预备党员外出期间的表现。外出所在地党组织应负责地介绍有关情况。

9 对外单位转来的预备党员，能否推迟讨论其转正问题？

咨询问题：我们单位两个月前调入一名预备党员，相关资料显示，他的预备期即将届满。我们几个支委成员感觉此人来的时间较短，对其是否真正符合正式党员的标准要求心里还没有底，想再考察一段时间。请问：能否推迟讨论其转正问题？

解答：《中国共产党发展党员工作细则》第 36 条规定："基层党组织对转入的预备党员，在其预备期满时，如认为有必要，可推迟讨论其转正问题，推迟时间不超过六个月。"因此，对外单位转来的预备党员，如果你们单位党组织认为时间较短，需要作进一步考察，可根据情况推迟讨论他的转正问题，但最长不能超过六个月。

10 基层党委在审批预备党员转正时，能否改变支部大会的决议？

咨询问题：镇党委在研究审批各单位的预备党员转正问题时，一致认为某村上报的预备党员与《党章》规定的标准要求相比，还有些差距，应适当延长培养考察期，但支部上报的意见是"如期转正"。请问：镇党委能否改变支部大会的决议？

解答：《党章》第 10 条规定了党的组织原则是民主集中制，内容之一就包括"下级组织服从上级组织"。《中国共产党发展党员工作细则》第 25 条也规定："党委审批预备党员，必须集体讨论和表决。……对未被批准入党的，应当通知党支部和本人，做好思想工作。"由此可以看出，上级党组织在审批预备党员转正时，可以改变支部大会的决议，而支部必须服从。但通常来讲，虽然上级党委可以改变支部大会的决议，根据《党章》第 15 条“党的各级领导机关，对同下级组织有关的重要问题作出决定时，在通常情况下，要征求下级组织的意见”的规定，一般在改变支部大会决议前，应先同支部交换意见，取得共识。对未被批准入党的，党委应当及时通知党支部和本人，做好思想工作。

11 基层党委审批预备党员转正的时间超过 3 个月怎么处理？

咨询问题：我们党支部报上级党委审批的预备党员转正报告已经 3 个多月了，未见回音，催了几次仍无结果。请问：类似情况怎么办？

解答：《中国共产党发展党员工作细则》第 26 条规定：“党委对党支部上报的接收预备党员的决议，应当在三个月内审批，并报上级党委组织部门备案。如遇特殊情况可适当延长审批时间，但不得超过六个月。”这是个基本的原则。实际工作中，支部大会通过发展党员的决议超过三个月党委仍未审批的，应予退回支部复议；经支部大会复议后，仍同意发展的，再报党委审批。其入党时间从支部大会复议通过之日算起。支部大会通过发展党员的决议超过六个月党委尚未审批的，决议不再生效，所填的《入党志愿书》即应作废。需要发展的，要重新履行入党手续。

12 什么是党代表大会和党代表会议？两者有何区别？

咨询问题：乡党委研究决定下个月要召开党代表会议，共同研究“特色小镇”建设有关事项，尔后召开党代表大会讨论决定“特色小镇”建设发展规划。我有些不太理解为什么既要召开党代表会议又要召开党代表大会，请问：什么是党代表大会和党代表会议？两者有何区别？

解答：根据《党章》《中国共产党地方组织选举工作条例》等相关规定，党代表大会，是指党的中央、地方和部分基层委员会召集的、由代表参加讨论、决定党的重大问题和选举党的领导机关的会议。

党代表会议是指在中央和地方各级委员会任期内，根据工作需要召集的，由代表参加讨论和决定重大问题的会议。

党代表会议与党代表大会的不同之处主要是：

（1）地位作用不同。党的全国代表大会是党的最高领导机关，党的地方各级代表大会是党的地方各级领导机关，党的各级委员会向同级党的代表大会负责并报告工作。而党的代表会议只是在党的委员会任期内，遇有重要问题需要及时讨论决定时，由中央委员会或党的地方各级委员会召集的重要会议。

（2）职权不同。一是党代表大会听取和审查同级党的委员会和纪律检查委员会的报告。党代表会议没有这项职权；二是党代表大会选举同级党的委员会和纪律检查委员会。党代表会议只能调整和增选部分成员，并有一定数额限制。

（3）开会的领导机构不同。党代表大会成立大会主席团，作为大会的组织领导机构。党代表会议不设主席团，会议的领导由党的委员会及其常务委员会负责。

（4）开会时限不同。党代表大会一般有时限规定。党代表会议在党的委员会任期内，根据工作需要召开，没有时限要求。

（5）代表的产生办法不同。党代表大会的代表必须由下一级党代表大会、党员大会或代表会议以无记名投票方式和差额选举办法选举产生。而党代表会议的代表产生办法是由召集代表会议的委员会决定。按照党内通常的做法，部分代表可以不经选举产生。

13 什么是党员大会？其职权是什么？

咨询问题：下周，我们党支部将召开党员大会，对下步的重点工作进行研究讨论和审议。请问：什么是党员大会？党员大会的职权是什么？

解答：根据相关规定，党员大会，是指党的基层委员会、总支部委员会或支部委员会召集的、由基层组织全体党员参加的会议。

党员大会的职权主要有五项，分别是：

（1）听取和审查同级委员会的报告。

（2）听取和审议同级纪律检查委员会的报告（不设纪律检查委员会的，纪检工作可作为党的委员会报告的一个内容）。

（3）讨论本级党组织及党组织职权范围内的重大问题，并作出决议。

（4）选举同级党的委员会、纪律检查委员会。

（5）选举出席上级党代表大会或党代表会议的代表。

14 党的基层组织换届选举时，哪些情况可以召开党代表大会进行选举？哪些情况应当召开党员大会进行选举？

咨询问题：关于党组织的换届问题，我打听了一下，有的单位是通过党员大会选举的，有的单位却是通过召开党代表大会进行选举的。我搞不明白，同级别的单位进行选举，为什么采用不同的会议形式？请问：到底哪些情况可以召开党代表大会进行选举？哪些情况应当召开党员大会进行选举？

解答：根据《中国共产党基层组织选举工作暂行条例》第 4 条的规定，党的基层组织设立的委员会由党员大会选举产生。党员人数在500名以下的基层组织，进行换届选举，一般应召开党员大会。党员人数在500名以上或所辖党组织驻地分散的，例如农村乡、镇党的基层委员会；或生产连续性很强，工作班次难以调整的企业党的基层委员会等，确实不便召开党员大会的，经报上级党组织批准，也可以召开党员代表大会进行选举。

15 什么是无记名投票？党员少的基层党组织能否采用举手表决的方式进行选举？

咨询问题：我们单位下步要召开选举大会，组织安排我负责印制选票。我感到有些纳闷：现在不都是在提倡“减负”吗？我们单位党员本来就少，为了便于组织，干脆进行举手表决，多好。但领导不但不同意，还批评了我一顿，要求我必须进行无记名投票选举。请问：什么是无记名投票？党员少的基层党组织能否采用举手表决的方式进行选举？

解答：《党章》第11条规定：“选举采用无记名投票的方式。”《中国共产党地方组织选举工作条例》第6条也规定：“选举采用无记名投票方式。”因此，在选举时必须采用无记名投票方式，而不能采用其他方式。

所谓无记名投票，是指采取投票的方式进行选举或表决时，选举人或表决人不必在选票或表决票上署自己姓名，并由本人亲自将选票或表决票投入票箱的方式。这种投票方式，有利于选举人或表决人消除顾虑，完全按照自己的意志行使选举权或表决权。因此，党章规定，党内选举采用无记名投票的方式。根据《党章》和《中国共产党地方组织选举工作条例》的这些规定，党内不可以采用举手的方式进行选举，党员少的基层组织也不能例外。

16 候选人、候选人初步人选和候选人预备人选分别是什么意思?

咨询问题: 我参加了这次的换届选举。但在选举期间，先后分层次、分类别进行好几轮的酝酿，比如初选、预选等，术语一大堆，还有什么候选人、候选人初步人选、候选人预备人选等等，还挺绕口。请问：这分别是什么意思?

解答: 所谓候选人是指在党内选举中被确定为选举对象的人。候选人必须是有被选举权的人，必须根据多数选举人的意见确定候选人。

所谓候选人初步人选，是指在党内选举中，由召集党的代表大会、党员代表大会或党员大会的党的委员会、代表选举单位党的委员会，在组织所属党组织和党员进行推荐提名的基础上，提出的委员会或代表候选人意向性人选。

所谓候选人预备人选，是指在党内选举中，在对候选人初步人选进行考察的基础上，根据规定的要求和程序，由召集党的代表大会、党员代表大会或党员大会的委员会、选举单位党的委员会提出的委员或代表候选人预备性人选。

党员代表大会代表和委员会委员候选人预备人选，必须经委员会集体讨论确定，并报上级党委审批。

17 党内选举中，哪些人享有选举权和被选举权？哪些人没有选举权和被选举权?

咨询问题: 我参加上级党代会时，发现有一位主要领导没有出席这次会议，感到很奇怪。我问了跟我一起参加会议的同事，他悄悄告诉我，说那位领导因违反中央“八项规定”受到留党察看处分，丧失了选举权和被选举权，不能参加这次会议了。请问：党内选举中，哪些人享有选举权和被选举权？哪些人没有选举权和被选举权？

解答：根据《党章》《中国共产党纪律处分条例》《中国共产党基层组织选举工作暂行条例》等相关规定，在选举党的基层组织领导成员和选举出席上级党代表大会或代表会议代表时，正式党员（包括受到党内警告、严重警告、撤销党内职务处分的党员），都有选举权和被选举权。预备党员、正在受留党察看处分的党员没有选举权和被选举权。

另外，只持有党员临时组织关系即党员证明信和流动党员活动证的党员，在所在单位参加选举时也没有选举权和被选举权。

18 党内选举中，哪些行为是妨害选举人行使民主权利的行为？应受到哪些处分？

咨询问题：前几天，上级通报了一起破坏选举案件。就是在党内选举中，有人为了一己私利，采取群发短信、散发传单等方式造谣中伤另一名同志，并要求选他，在一定程度上干扰了选举的正常进行。此人的行为后来被组织定性为妨害选举人行使民主权利。请问：哪些行为是妨害选举人行使民主权利的行为？应受到哪些处分？

解答：在党内选举中，凡是违反《党章》《关于新形势下党内政治生活的若干准则》和《中国共产党基层组织选举工作暂行条例》的有关规定，采用诸如威胁、欺骗、拉拢、书写大字报、散发传单等手段，或利用家族、宗教势力等妨害选举人自由行使选举权利、表达本人意愿的行为，都是妨害选举人行使民主权利的行为。一经发现，党组织必须认真查处，并根据问题的性质和情节轻重，给予有关党组织、党员批评教育，直至给予纪律处分。

至于会受到何种处分，《中国共产党纪律处分条例》第70条规定："侵犯党员的表决权、选举权和被选举权，情节较重的，给予警告或者严重警告处分；情节严重的，给予撤销党内职务处分。以强迫、威胁、欺骗、拉拢等手段，妨害党员自主行使表决权、选举权和被选举权的，给予撤销党内职务、留党察看或者开除党籍处分。"该《条例》第72条也规定，对存在在民主推荐、民主测评、组织考察和党内选举中搞拉票、助选等非组织活动的，或者在法律规定的投票、选举活动中违背组织原则搞非组织活动，组织、怂恿、诱使他人投票、表决的，或者在选举中进行其他违反党章、其他党内法规和有关章程活动等行为之一的，给予警告或者严重警告处分；情节较重的，给予撤销党内职务或者留党察看处分；情节严重的，给予开除党籍处分。

19 党的基层组织换届选举前，要做好哪些筹备工作？程序是什么？

咨询问题：我是乡党政办的一名秘书，最近的主要工作是筹划准备乡党委的换届选举工作。由于一些事比较繁杂，乡党委专门成立了一个会务组。请问：换届选举前，要做好哪些筹备工作？程序是什么？

解答：根据中共中央组织部组织局2011年编印的《党组织选举工作手册》的规范，召开党员大会换届选举的筹备工作和程序主要有：

（1）在党的基层委员会（总支部委员会、党支部委员会）任期届满之前（一般提前一至二个月），召开委员会全体会议研究召开党员大会进行换届选举的有关事宜，包括是否按期进行换届选举，确定召开党员大会的时间、指导思想、主要议程；下届党的委员会（纪律检查委员会）委员、书记、副书记名额及提名和选举产生办法等。

会后，党的委员会应向上级党组织呈报关于召开党员大会进行换届选举的请示（党的支部委员会进行换届选举，可由支部委员会负责人向上级党组织汇报支部委员会酝酿讨论的情况）。

（2）召开党员大会进行换届选举的请示经上级党组织批准后，即可召开委员会全体会议，研究召开党员大会的筹备事项，包括对党员进行召开党员大会的目的、意义和党的民主集中制、党员权利及义务的宣传教育工作；组织酝酿、推荐下届委员会委员、书记、副书记候选人预备人选；起草委员会的工作报告和党费收缴使用情况的报告等文件。党委（总支部、党支部）领导成员对各项筹备工作实行分工负责。

（3）根据委员会会议精神，按照有关规定和上级党组织的要求，并结合实际情况开展召开党员大会的各项筹备工作。在筹备过程中，委员会主要负责同志要加强督促检查，注意协调好各方面工作，坚持重大问题集体讨论决定，并注意经常与上级党组织沟通情况。

（4）向上级党组织呈报关于下届委员会（纪委会）委员、书记、副书记候选人预备人选的请示。候选人预备人选应召开委员会全体会议研究确定，在这次会上还可以审议通过委员会的工作报告、党费收缴使用情况的报告等文件。

（5）上级党组织对下届委员会（纪委会）委员候选人预备人选的请示批复后，委员会即可召开各支部负责人或各党小组长会议。会议内容是：介绍党员大会准备工作情况，确定党员大会日程、召开时间和地点；对如何开好大会向党员提出要求；确定召开大会的其他有关事项。

20 怎样印制选票？选票上候选人姓名排列的原则是什么？

咨询问题：根据我们基层党委换届选举工作领导小组的分工要求，我负责印制本次选举的选票。此前我没有接触过这项工作，只是找到了以前的一些样式，心里不太踏实。请问：怎样印制选票？选票上候选人姓名排列的原则是什么？

解答：《党章》第11条规定："选举采用无记名投票的方式。"《中国共产党基层组织选举工作暂行条例》第24条也规定"选举一律采用无记名投票的方式。"因此，印制选票是一项重要工作。因为选票是选举人表达意志的载体，必须认真设计、印刷。总的要求是庄重、大方、清晰、准确，便于选举人填写。使用计算机计票的，选票的设计、印制还应符合计算机计票要求。候选人姓名的上方应留出空格供选举人填写表示意见的符号，并应留有选举人填写另选他人姓名的位置。选票上适当的地方应标明选票的名称，注明填写选票使用的符号及填写说明。选票上的文字说明要简明、准确、清晰。用于不同选举项目的选票，在颜色上应有明显的区别。

关于选票上候选人姓名排列的原则：《中国共产党基层组织选举工作暂行条例》第24条规定："选票上的候选人名单以姓氏笔划为序排列。"据此，党的基层组织进行选举时，代表、委员、党的基层委员会和纪律检查委员会书记、副书记的候选人，均按姓氏笔画排列。这样做，有利于充分发扬民主，保障选举人和被选举人的民主权利。

21 党代表大会的名额如何确定？

咨询问题：在筹备党代表大会时，对如何确定代表名额问题，我们讨论了半天，也没有头绪，最后只能按以往的名额确定本次代表名额。请问：党代表大会的名额如何确定？

解答：《中国共产党基层组织选举工作暂行条例》第 7 条规定："代表名额一般为 100 名至 200 名，最多不超过 300 名。其具体名额由召开代表大会的党组织按照有利于党员了解和直接参与党内事务，有利于讨论决定问题的原则确定，报上级党组织批准。"据此，党组织在确定代表大会代表名额时，要从本地实际情况出发，既要使代表具有广泛的代表性，以充分反映广大党员群众的意见；又要控制会议规模，以便于讨论决定问题。

22 党代表大会代表产生的程序是怎样的？

咨询问题：上级分配给我们党支部参加上级党代表大会的代表名额有 3 个。要求我们尽快按程序上报名单。请问：党代表大会的代表是如何产生的？

解答：根据《党章》《中国共产党地方组织选举工作条例》等规定，党代表大会代表产生的程序有：

（1）选举单位根据上级党组织分配的代表名额和有关要求，组织所属党组织或全部党员，充分酝酿讨论，提出代表候选人推荐名单；选举单位党组织根据多数党组织或多数党员的意见，从推荐名单中，按照多于代表百分之三十以上的比例提出候选人推荐人选名单，与上级党组织沟通；根据上级党组织提出的代表构成比例的要求，按多于代表百分之二十以上的差额比例，提出代表候选人初步人选名单。

（2）代表候选人初步人选推荐单位党组织，在广泛征求党内外群众意见的基础上，写出考核材料，填报代表候选人预备人选登记表。

（3）选举单位召开党的委员会全体会议，在充分讨论的基础上，确定代表候选人预备人选名单，并将代表候选人预备人选酝酿提名的方法步骤、提名原则及代表候选人预备人选的结构等情况写出报告，连同代表候选人预备人选登记表一起报上级党组织审查。代表多的选举单位还应填报代表候选人预备人选名册。代表候选人预备人选可以在一定范围内进行公示。

（4）经上级党组织审查同意后，选举单位即可召开党代表大会或党员大会，对代表候选人预备人选进行充分酝酿，根据多数选举人的意见确定候选人，进行选举。选出的代表，上报召开代表大会的党的委员会审批。

23 党的临时组织关系转到外单位，能否被提名为代表候选人？

咨询问题：我是镇党委的群众工作委员，主要负责新农村建设和城建规划等工作。前段时间，因外出参加特色小镇建设培训，将临时组织关系转到了所在的培训班。现在要进行换届选举了，请问：我还能被提名为代表候选人吗？

解答：按照《党章》和党内相关规定，因参加短期培训、学习或参与完成某项临时性任务等原因，按规定转出临时组织关系的党员，由于党的正式组织关系还在原工作单位，在原单位党组织进行选举时，可以被提名为代表候选人。鉴于出席党代表大会的代表，要参与讨论决定党内重要问题，选举党的领导机构，所以，在提名和选举党代表时，既要充分考虑代表人选的政治素质和代表性，也要考虑选出的代表能否按期参加代表大会。对于因前面所述几种原因转出临时组织关系，确实不能按期回来参加党代表大会的党员，一般以不提名为代表候选人为好。

24 乡镇党委能否把党委委员分配到所属党组织参加代表选举？

咨询问题：我是市党代表大会的代表，知道选举过程中都是把市委的领导们分别安排到下属的县、区委进行选举。过段时间，我们乡里也要进行选举了，请问：乡镇一级党委能否参照市里的做法，将党委委员分配到下属各党总支和支部参加代表选举？

解答：党的基层组织召开党代表大会进行换届选举时，党的基层委员会委员一般不要分配到所属党组织参加代表选举，而应以普通党员的身份，参加所在党支部的代表选举。少数单位，如因党的委员会委员较多地集中在一个或几个党支部，不便于进行代表选举时，也可以将部分党委委员分配到所属其他党组织参加选举。至于这些委员是否被提名为代表候选人或被选举为代表，应当尊重选举单位大多数选举人的意志。党的基层委员会委员如果未能当选为党代表大会代表，根据工作需要，可以列席党代表大会。

25 党的组织关系在地方，能否参加上级业务主管部门党组织召开的党代表大会？

咨询问题：我是镇里的工会主席，同时也是镇党委委员。前段时间，县总工会下发通知，拟召开工会系统的党代表大会。请问：

像我这种情况，能否参加县总工会系统召开的党代表大会？

解答：业务主管部门党组织召开党代表大会进行换届选举时，党的关系在地方，受双重领导的单位的党组织，因党的关系不在业务主管部门党组织，因此，不能选举代表出席其党代表大会。如果工作需要，这些单位可以委派党员列席业务主管部门党组织召开的党代表大会。

26 能否用召开党委会或者党委扩大会的方式选举出席上级党代表大会的代表？

咨询问题：市委（县级市）分配给我们乡党委10名党代表名额，乡里领导安排我协助一名副书记负责筹备选举有关事宜。但因近期事情较多，选举日期始终确定不下来。请问：我们能否用召开党委会或者党委扩大会的方式选举出席上级党代表大会的代表？

解答：不能。《党章》第11条规定："党的各级代表大会的代表和委员会的产生，要体现选举人的意志。"《中国共产党基层组织选举工作暂行条例》第3条规定："党的基层组织设立的委员会任期届满应按期进行换届选举。"第4条规定："党的基层组织设立的委员会由党员大会选举产生。"因此，党的基层组织出席上级党代表大会的代表，必须召开党员大会或党代表大会选举产生。这是因为，选举权是党员的基本权利，选举出席上级党代表大会的代表，是党员行使民主权利的重要方面，应当予以保障。

27 党的基层委员会委员候选人产生的程序是怎样的？

咨询问题：我是某镇一名分管农业和农村工作的副镇长，近期，镇党委书记找我谈话，说是根据我的表现，拟推荐我为镇党委委员候选人。我平时抓行政工作比较多，对党务工作了解相对少一些。请问：党的基层委员会委员候选人产生的程序是怎样的？

解答：根据《中国共产党基层组织选举工作暂行条例》第11－14条的规定，党的基层委员会委员候选人的产生应遵循以下程序：

（1）党的基层委员会全体会议确定下届委员会（经批准设立的纪律检查委员会）组成的原则。

（2）党的基层委员会组织所属党组织酝酿推荐，并根据多数党组织的意见提出候选人初步人选。

（3）党的基层委员会对初步人选进行考察，并根据考察结果确定候选人预备人选，报上级党组织审查。

（4）召开党代表大会的，大会主席团审议候选人预备人选，提请各代表团（组）充分酝酿，根据多数选举人的意见确定候选人；召开党员大会的，党的委员会向党员大会介绍候选人预备人选酝酿产生的过程，提请大会讨论并根据多数选举人的意见确定候选人。然后由党代表大会（党员大会）进行选举。

28 党的总支（支部）委员会委员候选人产生的程序是怎样的？

咨询问题：我原在县工商局市场稽查部门工作，后来根据省里的统一安排部署，我到一个国家级贫困乡的贫困村挂职任扶贫书记。可能是我表现比较好的缘故吧，乡党委希望我能留下来继续工作，并与工商局协调，保留我的公务员身份，享受副科级待遇，同时，提名我为村党总支部委员会候选人。请问：党的总支（支部）委员会候选人产生的程序有哪些？

解答：根据《党章》《中国共产党基层组织选举工作暂行条

例》有关规定，党的总支（支部）委员会委员候选人的产生的程序是这样的：

（1）总支部（支部）委员会确定下届委员会组成原则。

（2）总支部（支部）委员会组织全体党员酝酿推荐，并根据多数党员意见提出候选人初步人选。

（3）总支部（支部）委员会组织支部或党小组酝酿候选人初步人选，并根据多数党员意见确定候选人预备人选，报上级党组织审查。

（4）经上级党组织审查同意后，总支部（支部）委员会向党员大会介绍候选人预备人选的情况及酝酿产生的过程，提交党员大会讨论，并根据多数党员意见确定候选人。然后由党员大会进行选举。

29 受到党纪处分的党员和务工党员是否可以被提名为委员候选人？

咨询问题： 近期，我们村党支部正在筹备换届选举工作，一名外来务工的党员咨询，像他这种情况不知能否参加此次的换届选举，不知能否被提名为候选人？正巧，一名曾经因计划生育超生而受到党纪处分的党员朋友也在咨询类似问题。请问：他们两人能否被提名为委员候选人？

解答： 对这个问题要具体问题具体分析。《党章》第7条规定："预备党员的权利，除了没有表决权、选举权和被选举权以外，也同正式党员一样。"第41条规定："党员在留党察看期间没有表决权、选举权和被选举权。"《中国共产党地方组织选举工作条例》第5条也表示："受留党察看处分的党员在留党察看期间没有表决权、选举权和被选举权；预备党员没有表决权、选举权和被选举权。”因此，除了受留党察看处分的党员，在留党察看期内没有表决权、选举权和被选举权，不能被提名为委员候选人，对于近期内受其他处分如党内警告、严重警告、撤销党内职务等处分的党员，由于其仍享有表决权、选举权和被选举权，可以提名为委员候选人。但从有利于工作和有利于帮助他们改正错误出发，这些同志一般不宜提名为委员候选人。对于历史上曾经受过警告、严重警告、撤销党内职务处分，或曾受过留党察看处分，留党察看期满后已恢复了正式党员权利的党员，如果确已认识并改正了所犯错误，在工作中做出成绩，得到所在党组织和大多数党员的信任，具备委员候选人条件的，可以被提名为委员候选人。

在一个党组织内有党的正式组织关系的党员，不论属于哪类用工制，在享有党章赋予的权利方面都是相同的。有正式组织关系的临时工只要不处于党纪处分的影响期或者没有受到留党察看的处分，就具有选举权和被选举权，可以被提名为党的委员会委员候选人。但是否提名，要尊重多数选举人的意见。

30 党代表大会（党员大会）能否同时选举产生党的委员会委员、书记、副书记？

咨询问题：我是一名农村基层党员，前段时间被选为党代表参加上级党代表大会，会议有一项重要议程是选举新一届党的委员会，然后再由党的委员会选举书记、副书记和委员。请问：在选举新一届党的委员会的同时，能否直接选举产生委员、书记、副书记？

解答：党代表大会（党员大会）不能同时选举产生党的委员会

委员、书记、副书记。《党章》第30条规定："基层委员会由党员大会或代表大会选举产生，总支部委员会和支部委员会由党员大会选举产生。"《中国共产党基层组织选举工作暂行条例》第13条规定："党的总支部委员会、支部委员会候选人，由上届委员会根据多数党员的意见确定，在党员大会上进行选举。"第16条规定："党的基层组织设立的委员会的书记、副书记的产生，由上届委员会提出候选人，报上级党组织审查同意后，在委员会全体会议上进行选举。不设委员会的支部书记、副书记的产生，由全体党员充分酝酿，提出候选人，报上级党组织审查同意后，在党员大会上进行选举。"根据这些规定，党代表大会（党员大会）不能同时选举产生党的委员会委员、书记、副书记。

31 村党组织负责人能否直接选举？

咨询问题：我们这里现行的村党组织负责人，通常是由上级提名，然后进行选举，并从支部委员会中等额选举产生，我觉得选举面有点窄，请问：村党组织负责人能否从党员中直接选举产生？

解答：中共中央组织部、民政部《关于认真做好村党组织和村民委员会换届工作的通知》（组通字〔2008〕33号）指出："要探索扩大村党组织领导班子候选人的差额比例等做法，积极稳妥推行村党组织负责人直接选举。各地推行村党组织负责人直接选举，需报经县级以上党委批准。少数民族聚居地区可由省级党委根据实际情况另作规定。"根据这一规定，村党组织负责人可以直接选举产生，但要做好稳妥的工作，并及时向上级汇报。

32 能否采用“招标”的方式选拔基层党支部书记？

咨询问题：我曾经在公安局刑警队当过两年辅警，有的地方也叫协警或者协勤。后来回到村里自己创业。当辅警时，为了调动大家的积极性，我们刑警队里发生案件后，都采取“招标”的方式确定案侦负责人，来进行案件的侦破和处理，效果比较好。中央一些媒体都进行了宣传报道。请问：采用“招标”的方式选拔基层党支部书记，不是可以更好地选择人才，更好地调动大家的工作积极性吗？

解答：“招标”是经济活动中的一种行为，是指在工程建设或大宗商品交易中，由发包方公布标准和条件，提出价格，通过竞争及签订合同的形式选择承包人。后来，部分地区的公安机关借鉴这一形式进行案件侦破，收到明显效果，但也带来一些问题，至今仍在研究论证之中。

选拔党支部书记是党内政治生活中的一件大事，不能采用“招标”的方法，必须按照党章和党内有关规定进行。《党章》第30条规定：“支部委员会由党员大会选举产生。”第31条规定：“基层委员会、总支部委员会、支部委员会的书记、副书记选举产生后，应报上级党组织批准。”但第13条也同时规定：“在党的地方各级代表大会和基层代表大会闭会期间，上级党的组织认为有必要时，可以调动或者指派下级党组织的负责人。”据此，党支部书记应由选举产生，必要时也可以由上级党组织指派。

《中国共产党基层组织选举工作暂行条例》第16条明确规定：“党的基层组织设立的委员会的书记、副书记的产生，由上届委员会提出候选人，报上级党组织审查同意后，在委员会全体会议上进行选举。不设委员会的党支部书记、副书记的产生，由全体党员充分酝酿，提出候选人，报上级党组织审查同意后，在党员大会上进行选举。”因此，用“招标”方式选拔党支部书记，不符合《党章》和《中国共产党基层组织选举工作暂行条例》等相关制度规定。

33 上级党组织指派的支部书记在选举中落选后怎么办？

咨询问题：前段时间，上级指派了一名同志担任我村的党支部书记。工作一段时间后，感觉此人的基层工作经验不够丰富，大家对他颇有微词。果然，在这次换届选举时，他因票数不够而落选，另一名同志票数较多而当选。请问：类似这种情况应该怎么办？

解答：在确有必要的情况下，上级党组织通盘考虑某些综合因素后会指派或者调整某些同志到某单位党组织任职。在这种情况下，如果党员对上级党委指派的支部书记不够了解，根据《中国共产党地方组织选举工作条例》第 21 条规定，选举前，应将相关人员的简历、工作实绩和主要优缺点向选举人作出实事求是的介绍，对选举人提出的询问应作出负责的答复。根据选举人的要求，可以组织他们与选举人见面，作自我介绍，回答选举人提出的问题。以便代表们进一步熟悉了解他们。经过正式选举，如果上级党组织指派的支部书记不能当选，则其支部书记职务自然解除，应由新当选的支部书记主持支部工作。但应及时将这些情况报告上级党组织，由上级党组织对该同志的工作情况进行妥善安排。

34 怎样进行代表资格审查？

咨询问题：下个月，我们单位就要进行换届选举了。组织安排我与另外几名同志负责与会代表的资格审查工作。请问：怎样进行代表资格审查？

解答：对参加党代表大会的代表进行代表资格审查，是保证代表的质量，保证党代表大会各项任务的顺利完成的一项重要工作。《中国共产党地方组织选举工作条例》第10条规定，对代表资格进行审查，党的地方各级代表大会由大会代表资格审查委员会负责，党的基层代表大会由上届党的委员会决定成立的代表资格审查小组负责。资格审查，主要审查两个方面：一是审查代表酝酿提名和选举产生的程序是否符合规定的程序；二是审查代表是否符合条件。

对代表资格的审查情况，代表资格审查委员会应向大会主席团报告，代表资格审查小组应向大会预备会议报告，经主席团或者预备会议审查通过获得代表资格的代表，方可正式参加大会。如发现代表的产生不符合规定手续或不符合代表资格的，应责成原选举单位重新进行选举；代表不具备资格的，应责成原选举单位撤换。代表资格审查小组应向党员代表大会预备会议报告审查情况。经审查通过后的代表，获得正式资格。如确有问题，不够代表资格的，要作出取消代表资格的决定。撤销代表资格，要经原选举单位决定，并报上级批准。

35 选举对到会的人数是怎样规定的?

咨询问题：近期，某村党支部在组织选举时，因在外流动人员太多，无法及时赶回来参加会议，导致会议无法正常召开，只得数次延期。请问：选举对到会的人数是怎样规定的？

解答：《中国共产党基层组织选举工作暂行条例》第19条规定："进行选举时，有选举权的到会人数超过应到会人数的五分之四，会议有效。”第29条规定：“进行正式选举时，被选举人获得的赞成票超过实到会有选举权的人数的一半，始得当选。”这两条规定，是根据党的基层组织的实际情况提出来的，只适用于党的基层组织选举工作。

36 选举结束后，选票如何处理？

咨询问题：前段时间，我们镇党委顺利召开了党员代表大会并圆满完成了各项议程。在对如何处理选举后产生的一大堆选票问题上，我们产生了意见分歧。有的同志认为要封存保管一段时间，有的说选举已经顺利完成了，放在屋里比较乱，不如销毁算了。请问：这些选票应该怎么处理？

解答：根据我国《档案法》相关规定，党代会选票属于党群类重要档案资料，是党代会选举结果的第一手资料，要周密保存。选举结束后，应将党员代表大会（党员大会）所用的各种选票分别整理封存，并用党组织的印章加封，原则上至少保存一届。未经组织允许，任何个人不得私自查阅选票。

37 大学生“村官”如何参加换届选举？

咨询问题：我是某村的一名大学生村官。最近，我们这里要进行换届选举，好多人鼓励我参加村党组织的换届选举，一些支部成员也支持我，我对自己也颇有信心。打听了一下其他的村镇，好多同村的“村官”都有我这种想法。请问：大学生“村官”如何参加换届选举？

解答：积极鼓励引导符合条件的大学生村官参加村级班子换届选举，有利于推动和促进当地全面建设，是中央和地方各级党组织的共识。因此，农村党支部组织换届选举，大学生村官是党员的，可通过党员推荐、群众推荐、乡镇推荐等方式，参加村党组织书记、委员的选举；也可通过不受职数限制，将大学生村官选配为村党组织副书记。目前，全国各地大多数地方出台相关规定，通过选举当选村级班子成员的，仍按大学生村官管理，享受相关政策待遇。

CHAPTER

第三章

日常党务

1 党的组织生活与党的生活有哪些区别？

咨询问题：近期开展党课集中教育，活动安排比较多，有时是安排“党的组织生活”，有时是安排“党的生活”，弄得我有些迷茫。请问：党的组织生活与党的生活有哪些区别？

解答：所谓“党的组织生活”主要指由党的支部委员会或党小组组织召开的，以上党课、学习党内文件、汇报思想、总结报告工作等为主要内容的活动或会议，以及支部委员会或党小组召开的组织生活会和党员领导干部单独召开的党内民主生活会。所谓“党的生活”，同党的组织生活既有联系又有区别。党的生活包括党的组织生活，而党的组织生活不完全等于党的生活。从广义上讲，党内各种活动，包括党小组会、党员大会、党的各级委员会召开的会议、党的代表大会、党的代表会议、党内选举、党的民主生活会、上党课、阅读党刊和党内文件、听取党内报告以及党内的其他政治活动等，都是党的生活。

2 党员为什么必须要过组织生活？怎样严格党的组织生活？

咨询问题：我是一名入党积极分子，在组织的培养考察期间，我的培养考察联系人对我说，以后要积极参加组织生活。我说，我有空时尽量参加。他说，这是一个非常严肃的事，必须严格遵守这些党纪党规，如无特殊情况，必须按时参加。请问：党员为什么必须要过组织生活？怎样严格党的组织生活？

解答：党员必须在党的一个组织中过组织生活，是马克思列宁主义建党理论的一个基本原则，是中国共产党组织原则的一个重要内容。《党章》第 8 条明确规定：“每个党员，不论职务高低，都必须编入党的一个支部、小组或其他特定组织，参加党的组织生活，接受党内外群众的监督。党员领导干部还必须参加党委、党组的民主生活会。不允许有任何不参加党的组织生活、不接受党内外群众监督的特殊党员。”

严格党的组织生活，是加强对党员教育管理和监督，充分发挥党员的先锋模范作用的一项重要措施。为此，必须切实做好以下几方面的工作：

（1）落实组织。每个党员，不论职务高低，都必须编入党的一个支部、小组，接受党组织的教育管理和监督，不允许党员游离于党组织之外，特别是党员在流动中要防止出现“无组织”的现象。

（2）加强教育。通过教育，使每个党员懂得按时参加党的组织生活，是接受党组织的教育管理和监督，不断增强党性，做一名合格的共产党员的重要途径，从而提高参加党的组织生活的自觉性。

（3）健全制度。每个党组织都必须建立健全党的组织生活的各项制度，如“三会一课”制度（即定期召开支部党员大会、支部委员会、党小组会和定期上党课）、民主生活会制度、民主评议党员制度等，并不断改进和完善，使党的组织生活制度化、规范化。

（4）注重效果。支部委员会要经常对组织生活内容进行研究，不断改进组织生活的形式和丰富组织生活的内容，要坚持组织生活内容的思想性、政治性和原则性，防止把严肃的组织生活会变成传小道、议领导、发牢骚的场所。

（5）做好督查。支部委员会对组织生活的形式、内容不仅要精心策划，而且要对党员参加组织生活的情况加强督促和检查，发现党员无故不参加组织生活，要及时给予批评教育。上级党组织要注意总结和推广组织生活的好经验。

3 什么是“三会一课”？抓好“三会一课”有哪些重要意义？

咨询问题：近期，上级在抓“三会一课”的落实情况，我们也采取措施加大了落实力度。请问：什么是“三会一课”？抓好“三会一课”有哪些重要意义？

解答：“三会一课”是指按照《党章》和党内有关规定定期召开支部大会、支部委员会和党小组会，按时上好党课。“三会一课”制度是党的组织生活的一项基本制度，是党组织对党员实施教育、管理和监督的最经常、最基本的形式，是加强党的基层组织建设的一项重要措施。

党自成立以来，始终高度重视党内组织生活，并结合党在各个历史时期的不同历史使命，先后组织开展了延安整风运动、先进性教育、学习实践科学发展观活动、争先创优活动、党的群众路线教育实践活动、“三严三实”专题教育、“两学一做”学习教育等，还在长期的革命、建设、改革实践中，探索形成了以定期召开支部党员大会、支部委员会、党小组会、按时上好党课等“三会一课”为主要内容的党内组织生活经常性教育机制，为保持党的先进性和纯洁性发挥了重要作用。

首先，“三会一课”制度是我们党的优良传统。新民主主义革命时期就确立了“三会一课”制度，社会主义建设时期，“三会一课”制度得到了丰富和完善；改革开放以来，“三会一课”制度得到不断探索和发展。特别是党的十八大以来，“三会一课”制度得到了进一步的创新和发展。

其次，“三会一课”是党支部基础建设的基础环节。党支部是党的全部工作和战斗力的基础，“三会一课”是党建工作的重要一环。落实好“三会一课”制度，对于增强党支部的凝聚力、吸引力、战斗力，对于加强学习型党组织建设，对于推进基层民主、党内民主建设，对于推进党务公开、加强党内监督，对于加强党员的教育管理、发挥党员的先锋模范作用都具有十分重要的作用。

再次，“三会一课”制度是全面从严治党的重要载体。作为党内基本制度，“三会一课”有着极其重要的作用。既可以落实思想建党和制度治党的要求，也可以落实民主集中制原则，同时可以贯穿长效监督，并促进中心工作。

最后，“三会一课”能助推“两学一做”常态化制度化。“两学一做”基础在学，“三会一课”则能发挥日常学习的牵引作用；“两学一做”关键在做，“三会一课”则能发挥学用结合、知行合一的重要载体作用。

4 怎样开好支部党员大会？

咨询问题：我是某乡党政办公室的一名工作人员。近期，乡里分工我负责联系下属某村的党支部换届选举工作。选举工作以支部党员大会的形式进行。请问：怎样开好支部党员大会？

解答：根据《党章》等相关规定，支部党员大会是党支部全体党员（包括预备党员）参加的会议，是党支部的最高领导机关，在党支部中享有最高决策权、选举权和监督权，通常每季度召开一次。换届选举的支部大会，必须在支委会任期届满时召开（延期选举的期限，最多不能超过一年）。支部大会的组织领导由支委会负责。不设委员会的党支部，召开党员大会由党支部书记主持。支部大会会议议题由支委会根据上级党组织的指示和工作需要确定。

在会前，支委会要根据上级党组织的要求，结合本支部的实际情况确定支部大会的议题。要做好调查研究，提出初步意见和方案，并将支部大会的议题、时间和要求等通知全体党员，让党员明确会议所要讨论和解决的问题，以便党员在会上充分发表意见。全体党员都应参加支部党员大会。如有个别党员因故请假，党支部应尽可能在会前听取这些同志对议题的意见，并把他们的意见如实转达给支部大会。会议由支部书记主持，支部书记不在位时，由副书记主持。开会时要先报告党员到会和缺席情况。党员非特殊情况不得请假。参会党员人数要不少于应到会党员的半数，支部大会决议必须经过应到会正式党员半数以上通过，方能有效。根据会议内容的需要，有时可吸收非党干部或入党积极分子列席参加。

5　召开支部委员会要注意哪些问题?

咨询问题：在近期的换届选举中，我被选为党支部委员会委员。明天就要召开支委会成立后的第一次会议并明确责任分工，心中很是激动，同时也有些忐忑。请问：召开支部委员会要注意哪些问题?

解答：根据相关规定，党支部委员会一般每月召开一次，根据需要也可随时召开。必要时也可召开支委扩大会议，吸收党小组长和有关党员干部参加。会议议题一般包括以下方面：研究、贯彻上级党委的决议和指示，讨论制订完成生产和工作任务的方针办法，研究党的建设和党员管理教育方面的问题，研究有关干部选拔、调整方面的问题，研究培养、发展新党员方面的问题，讨论研究协调工、青、妇等群众组织工作方面的问题。

开好支部委员会应注意以下几点：

（1）支部委员会议事要注意遵守规定的程序，事前让委员知晓会议议题，有所准备。会上，要围绕议题组织好讨论，使所议的问题能得到认真解决。对会议决议的执行情况要注意督促检查。

（2）充分发扬民主。讨论中提倡畅所欲言，各抒己见，书记要善于启发大家，集思广益，不要怕别人提出与自己不同的意见。

（3）要议而有决。在大家对所讨论的问题发表意见后，书记要善于集中委员的智慧，按照少数服从多数的原则，作出决议。集中意见，既要听大多数人的意见，也要照顾少数人或个别人的意见。如果少数人或个别人的意见是符合上级指示和实际情况的，而多数同志不同意时，就不要急于作出决议，要引导大家继续学习和讨论，按照党的方针政策来统一认识，做到集中正确意见。决议作出后，还要研究制定贯彻执行决议的具体措施，并按照委员的职责进行分工，以保证支部委员会的决议贯彻执行。

支部委员会研究讨论有关问题，既要防止在重大问题上个人意志代替集体决定的现象，也要防止事无巨细，把应由个人分工处理的事都提交集体讨论的现象。

6 怎样搞好党课教育?

咨询问题：我们支部对今年的党课教育计划进行分工，决定支部成员轮流上党课，我要承担两节党课的任务。但我从来没有正式给党员们上过党课，心里没底。请问：怎样才能搞好党课教育？

解答：党课教育是党组织用授课形式定期对党员进行教育的一种方法。这是我们党在长期党员教育实践中总结出来的一种行之有效的党员教育方式。

搞好党课教育要着重抓好两个环节：一是抓好选题。党课教育的选题范围是很广泛的，可以是党的路线、方针、政策方面的教育，也可以是党的基本知识方面的教育，还可以是国际国内形势方面的教育，等等。但是，党课教育的具体选题一定要与党的中心工作和党员的思想实际紧密结合，做到有的放矢。也就是说党课教育要有针对性。二是要抓好课后的学习讨论。授课后一般应组织党员进行深入讨论，并联系思想实际和工作实际进行对照检查。

讲授党课要努力做到深入浅出，生动形象，增强吸引力。近年来的党课教育实践证明，邀请优秀党员讲党课，现身说法，或利用现代传媒手段开展党课教育，不失为一个行之有效的方法。

7 什么是双重组织生活会？领导干部为什么要参加双重组织生活会？

咨询问题：我原来是某县教育局基础教育科的科长，根据组织安排，我到下面的乡里任副乡长。前段时间，乡党委换届选举时，我又被选为乡党委班子成员。近期，县委下发通知，要求各级班子成员要严格落实双重组织生活制度。我原来主要抓业务性工作，对党务知识掌握了解相对少一些。请问：什么是双重组织生活会？领导干部为什么要参加双重组织生活会？

解答：《党章》第8条明确规定："每个党员，不论职务高低，都必须编入党的一个支部、小组或其他特定组织，参加党的组织生活，接受党内外群众的监督。党员领导干部还必须参加党委、党组的民主生活会。不允许有任何不参加党的组织生活、不接受党内外群众监督的特殊党员。"中共中央组织部组织局1998年编印的党员管理手册也指出："双重组织生活会是指由党的支部委员会或党小组召开的组织生活会和党委（常委）、党组召开的民主生活会。”《关于新形势下党内政治生活的若干准则》也指出，“领导干部要以普通党员身份参加所在党支部或党小组的组织生活，坚持党员领导干部讲党课制度”。

强调党员领导干部既要参加所在支部、小组的组织生活会，又要参加定期召开的党员领导干部的民主生活会，无论对于领导干部自身加强党性修养，增进同志间的思想交流，密切上下级关系，还是对于加强广大党员对领导干部的民主监督，增强党组织的活力，都具有非常重要的意义。在党支部、党小组生活会上，党员领导干部应该以普通党员的身份，同其他同志一样，积极参加学习讨论，如实汇报思想情况，认真开展批评与自我批评，自觉接受党组织和党员的监督。

8 怎样开好民主生活会？

咨询问题：我原来是一名普通党员，在村里的换届选举中被选为支委成员。刚进支委不久，支部就分工我负责接替已经退休的组织委员，负责党组织建设等工作。根据上级要求，近期准备召开班子民主生活会。虽然以前参加过党小组的民主生活会，但那都是按简略程序进行的，不够严格正规。请问：按正规程序来，怎么才能开好民主生活会？

解答：民主生活会是党内政治生活的一项重要制度。中央《关于新形势下党内政治生活的若干准则》明确提出要“坚持民主生活会和组织生活会制度”。《中国共产党农村基层组织工作条例》第22条规定：“乡镇党委和村党支部委员会每半年召开一次以开展批评与自我批评为主要内容的组织生活会，接受党员和群众的监督。”

从建党实践来看，认真执行这一制度，对于加强党内监督，解决领导班子自身矛盾，增进团结，提高领导干部素质，充分发挥集体领导作用，增强党组织的战斗力，有着十分重要的现实作用和意义。

那么，如何开好民主生活会呢？《关于新形势下党内政治生活的若干准则》明确要求“会前要广泛听取意见、深入谈心交心，会上要认真查摆问题、深刻剖析根源、明确整改方向，会后要逐一整改落实”。根据这一规定，并结合工作实际，我们认为，要开好民主生活会，应抓好以下几个环节：

在会前，要做好以下几项工作：

（1）听取意见。认真听取各方面的意见，是开好民主生活会的前提。听取意见要有广泛性，既要听取上级领导的意见和建议，又要听取广大群众的意见和建议；既要听取意见相同人的意见，又要听取意见不同人的意见。

（2）反馈意见。将收集到的群众意见及时向党组织反馈，反馈意见时要实事求是，特殊情况下，对个别不易公开的意见，可个别反馈。

（3）消化谈心。党组织对各方面提出的意见要有一个自我反思、进行消化的过程。在此基础上，广泛开展谈心交心活动，包括党委成员（支部委员）之间、党委成员（支部委员）与党员之间、党委成员（支部委员）与群众之间，虚心地接受批评，诚恳地求得帮助，这是开好民主生活会的关键。谈心时，领导干部要注意放下架子、敞开思想、以心交心。必要时，上级组织部门也可以派人指导。

（4）确定中心议题。党委（支部）主要领导干部根据征求到的意见，结合本单位的实际问题，确定生活会的中心议题。也可以根据上级党组织的要求，确定民主生活会的主要内容。

（5）做好准备。会议中心议题确定后，要提前告知与会人员，每个与会人员要围绕中心议题，准备好发言提纲，做好会前准备。党委（支部）应将准备情况向上级党组织做简要汇报，争取上级党组织派人参加民主生活会。

会中要做好以下几项工作：

（1）认真开展批评与自我批评。民主生活会能否开得成功，关键在于能否认真、正确的开展批评与自我批评。为了抓好这一关键环节，领导干部必须坚持以身作则，作出表率，既能做到认真开展自我批评，又要实事求是地开展批评。开展批评与自我批评，主要是启发觉悟，从思想上解决问题，要坚持“惩前毖后，治病救人”的原则。

（2）制定切实可行的整改措施。在认真开展批评与自我批评之后，党委班子（支委会）还要在会议上制定整改措施。要在民主生活会取得对问题的基本一致认识的基础上，制定整改措施。整改措施要按照实事求是的原则，要抓住要害问题，要切实可行。

（3）认真做好会议记录。民主生活会要认真做好会议记录。在会议中，尽量采取详细记录法，记录要力争真实、准确，不能随意增删、更改，重要内容要避免遗漏。上级党组织要定期调阅民主生活会记录，了解情况，督促下级党组织重视这一工作。

（4）进行检查指导，上级党组织和领导干部直接参与并指导下级党组织的民主生活会，也是提高民主生活会质量的重要一环。这有利于了解下级党组织及党员的思想、作风等方面的表现情况，有利于发现基层工作中存在的问题，也有利于督促下级党组织开展批评与自我批评。

会后主要做好以下几项工作：

（1）向党员群众通报会议情况。民主生活会结束后，要在一定范围内向党员群众通报民主生活会的情况，以利于更好地实行党内监督和自觉地接受群众的监督。通报的主要内容包括对群众正确意见的认识、对一时难以解决的问题的说明、整改措施等方面。

（2）检查效果。要根据整改措施的内容，经常检查整改效果。一是自我检查；二是党员之间，支部委员之间，党委成员之间的相互检查；三是请群众监督检查。这种检查，可以通过自我反思、相互谈心、召开座谈会等形式进行。同时，本次生活会要解决的问题和整改措施，要作为下一次生活会的一个议题，议一下问题解决了没有，措施落实了没有。通过检查效果，促使党组织对民主生活会的高度重视，主动克服缺点，改正错误，不断前进。

9 受到党纪处分或者组织处理的党员是否要过组织生活？

咨询问题：近期我们要组织一系列的党组织活动，当我们在下发通知的时候产生了不同意见：有的同志认为应该全部通知参加，有的同志认为那些受到党纪处分或者组织处理的党员不需要参加。请问：受到党纪处分或者组织处理的党员是否要过组织生活？

解答：不知你所说的党纪处分是哪种处分，组织处理是什么措施。根据《党章》等相关规定，因违犯党纪受到党内警告、严重警告、撤销党内职务、留党察看处分的党员，以及在民主评议党员中受到限期改正处置的党员，均和其他党员一样参加党的组织生活，接受党组织的教育和监督。被开除党籍、劝告退党、除名或者被取消预备党员资格的人，在上级党组织批准前，一般仍可参加党的组织生活。但如果其问题十分严重，则应停止其组织生活。

10 党员长期不参加党的组织生活应如何处理?

咨询问题: 我们支部有一名党员，由于经常在外地经商做生意，每次组织活动，他都要请假，说是业务上很忙，赶不回来，导致长期不参加我们支部组织的活动。大家议论纷纷。请问：类似这种问题如何处理?

解答:《党章》第9条规定："党员如果没有正当理由，连续六个月不参加党的组织生活，或不交纳党费，或不做党所分配的工作，就被认为是自行脱党。支部大会应当决定把这样的党员除名，并报上级党组织批准。"每个党员，包括担任领导职务的党员，如无特殊原因不参加组织生活，应进行批评教育；如长期不过组织生活，应按上述规定处理。需要注意的是，支部大会在开会讨论决定把这样的党员除名后，应及时报上级党组织批准。

11 怎样看待召集农村党员开会发放补贴的问题?

咨询问题: 我们镇纪委最近在对农村财务工作进行账目审计时发现，一些村级单位在召开党员大会时，总以误工补贴的形式给那些参加会议的党员发放补贴。在如何处理这件事的问题上，我们意见不够统一，有的认为应该发，有的认为参加党的活动不应该发。请问：如何看待和处理这个问题?

解答: 对农村党员开会付给报酬的问题，中共中央组织部以工作问答的形式谈了三条意见：

(1) 党员参加党组织召集的有关会议，是党员的权利和义务，是党员发挥作用的重要前提之一。召集农村党员参加会议特别是参加组织生活付给报酬，违背党的宗旨，会淡化党员的组织观念和责任意识，影响党员队伍的先进性，也会影响党群关系，损害党的形象，削弱党组织的战斗力。对此，各级党组织必须有明确的认识，并采取措施，对存在的问题认真加以解决，以保持党组织活动的严肃性。

（2）农村基层党组织要根据农村党员的特点，结合发展农村经济，建设社会主义精神文明，推进基层民主政治建设等内容开展党内活动，改进党的组织生活的方式方法，增强党组织的吸引力、凝聚力和党员的参政议政意识，而不能以付给报酬作为吸引党员参加党组织活动的手段。

（3）从一些省区调查的情况看，农村党员开会给予补贴的情况比较复杂，对这一问题应具体分析，不能把给予补贴一概视为付给报酬。如党员与其他村民共同参加会议，与会人员都付给补贴，则不应视为党员开会付给报酬。再如，有的地方经济落后，党员居住分散，交通不便，党组织召开不是组织活动的会议时，如条件允许，对生活困难的党员适当发点交通费或误餐补助费，也不应视为付给报酬。

12 民主评议党员多久进行一次？怎么进行？要注意抓好哪些环节？

咨询问题：我刚被确定为党员发展对象。昨天，我的培养考察联系人通知我，说过几天要进行民主评议党员，要求我们这些党员发展对象也要列席参加，经受锤炼摔打。我很好奇，也很激动，终于能参加党的组织活动了。但我不知道：民主评议党员多久进行一次？怎么进行？要注意抓好哪些环节？

解答：1988 年 12 月 25 日，中共中央批转中央组织部《关于建立民主评议党员制度的意见》中明确规定，“民主评议党员工作，要在党委的领导下，以支部为单位有步骤地进行”，并指出，“今后，民主评议党员每年进行一次，形成制度”。从此以后，每年一次的民主评议党员便形成制度坚持下来。根据前述《意见》及大量实践，民主评议党员通常按以下步骤进行：

（1）摸底调查、学习教育。评议前，党总支（支部）要对党员存在的问题进行摸底调查，做到心中有数，针对存在问题，进行专题学习教育。

（2）自我评价。在学习讨论的基础上，对照党员的标准，结合评议的内容要求，总结个人在思想、工作、学习等方面的情况，特别要检查自己在组织纪律、廉洁自律等方面的认识、态度和行动，在肯定成绩的同时，找出差距，明确努力的方向，要形成内容具体的书面材料。

（3）民主评议。召开总支大会（支部大会），进行民主评议。在评议中，要是非分明，敢于触及矛盾，认真而不敷衍地开展批评与自我批评。还要采取适当的方式，听取非党群众的意见。

（4）组织考察。总支（支部）委员会根据民主评议中对党员的评议意见，进行实事求是的分析、综合，形成组织意见，转告本人，并向总支（支部）大会报告。

（5）表彰和处理。对民主评议的好党员，由党组织通过口头或书面形式进行表扬。对模范作用突出的党员，可经过支部大会讨论通过，报上级党委批准，授予优秀共产党员的称号。对评议中揭露的违法乱纪等问题，要认真查明，严肃处理。经评议认为是不合格的党员，支委会应区别不同情况，提出妥善处置的意见，提交支部大会，按照民主集中制的原则进行表决。对党员进行组织处理，应当十分慎重，原则要坚持，方法要得当。对被劝退和除名的，党组织要做好思想工作。在他们出党以后，仍要继续关心和团结他们，在工作中继续发挥他们的作用。

民主评议党员要特别强调讲求实效，保证质量，为此，要注意抓好三个环节：

（1）要把思想教育作为中心环节。在民主评议党员工作中，注意把思想教育放在首位，贯穿始终，采取多种方法，在提高党员的政治素质上花力气。要联系党员的思想实际，组织党员开展专题讨论，并注意运用正反两方面的典型。

（2）要提倡严肃认真地开展批评与自我批评。运用批评与自我批评的武器，在党内开展积极的思想斗争，是搞好民主评议党员工作的重要环节。在评议中，还要十分重视党外群众对党员的批评、监督，认真听取他们的意见。

（3）要认真做好组织处理。对不合格党员的处置，既不能“不教而诛”，也不能只强调教育而不进行处理。当前，主要是纠正在组织处理上失之于宽的倾向。对于违纪党员，要按照有关规定严肃处理。

13 预备党员怎样参加民主评议党员活动？

咨询问题：我上周刚被党支部接收为预备党员，心里非常激动。刚才，组织委员通知我，要参加近期组织的民主评议党员活动，心里又有些忐忑不安，不知道该怎么办。请问：预备党员怎样参加民主评议党员活动？

解答：《党章》第7条规定：“预备党员的义务同正式党员一样。预备党员的权利，除了没有表决权、选举权和被选举权以外，也同正式党员一样。”因此，预备党员应该同正式党员一样参加民主评议。只是在表彰处理阶段，与正式党员应有所不同：一是预备党员不宜评为优秀党员。这是因为预备党员在预备期中，正在接受党组织的考察教育，还没有取得正式党员的资格。对预备党员中表现突出的，可以给予口头表扬或奖励，特别突出的可用其他方式表彰宣传他们的事迹。二是对预备党员不能做劝其退党处理。在民主评议中需要进行组织处理的预备党员，根据具体情况，有的可以进行批评教育，帮其在预备期内改正错误；有的可以延长预备期；有的可以取消预备党员资格。

14 出现哪些情形就属于不合格党员？

咨询问题： 根据上级通知，近期，我们准备召开支部委员会，对党员进行民主评议，并评选认定不合格党员。请问：出现哪些情形就属于不合格党员？

解答： 根据中共中央组织部、中央党的群众路线教育实践活动领导小组《关于做好处置不合格党员工作的通知》要求，对民主评议中被评为“差”的党员，支委会（不设支委会的召开支部大会，下同）要结合平时掌握的党员现实表现，对照以下情形，客观准确地认定不合格党员：

对基层来讲，不合格党员的表现形式：

一是理想信念缺失，思想迷惘，淡漠、动摇甚至丧失了对马克思主义的信仰，对新时代中国特色社会主义缺乏信心，对党在基层的各项惠民政策不了解、不执行，推崇西方价值观念和社会制度，热衷于组织、参加宗教活动和封建迷信活动。有的在民族宗教等敏感问题面前摇摆不定、畏缩不前，对民族分裂主义和宗教极端主义言行不亮剑、不报告。

二是政治立场动摇，在思想上政治上行动上不能自觉与党中央保持一致，不能严格遵守党的政治纪律和国家法律法规；对身边群众的错误言论，态度含混、立场模糊，不敢公然反对和批驳，听之任之，习惯当“老好人”；对党支部的工作不支持、不配合，故意使绊子、添乱子，不维护党的团结，在大是大非面前不讲原则，喜欢编造、传播对党、对社会的不满言论、政治谣言及有损党和国家形象的言论；不按组织程序和《信访条例》办事，带头、煽动、参与集体上访或越级上访，不执行或纵容、包庇他人违反国家土地、计划生育等政策；不履行应尽的社会义务，不能模范地遵守国家的法律法规，有令不行，有禁不止。

三是宗旨观念淡薄，服务群众意识差，利己主义思想严重，不能正确处理国家、集体和个人之间的利益关系，与民争利甚至损害群众利益，在人民群众生命财产安全受到威胁时临危退缩。

四是工作消极懈怠，不思进取、不负责任、不敢担当，在生产、工作、学习和社会生活中不起表率和先锋模范作用，思想和行动落后于普通群众；宗族观念较重，在村（社区）“两委”选举、发展党员、讨论决定村（社区）重大事项时，拉帮结派，搞非组织活动；主动参与党内事务的积极性不够，对党的事业表现出“事不关己，高高挂起”的态度，没有应有的主人意识。

五是组织纪律散漫，党性观念淡化，缺乏党员意识，把自己混同普通群众，不按规定参加党的组织生活，不按时交纳党费，不完成党组织分配的任务，不按党的组织原则办事，甚至参加非组织活动。

六是道德行为不端，违反社会公德、职业道德、家庭美德；热衷于追名逐利，贪图享受，铺张浪费，讲排场比阔气，追求奢华生活；有的党员干部利用职务之便吃拿卡要、违法乱纪，滥用职权、侵吞国家资产、侵害群众利益。

15 对不合格党员应按什么程序处置？有哪些处置方式？

咨询问题：我是一名入党积极分子，为了让我们加强党性锻炼，前段时间，党支部开展民主评议党员时，通知我们也列席参加了，见证了民主评议党员的全过程。会上，有1名长期不参加组织活动的党员和1名传播小道消息的党员被评为不合格党员，听说下步还要受到相应处理，内心很受震撼。请问：对不合格党员应按什么程序处置？有哪些处置方式？

解答：根据中共中央组织部、中央党的群众路线教育实践活动领导小组《关于做好处置不合格党员工作的通知》要求，处置不合格党员应当按以下程序执行：

（1）党支部在民主评议党员工作中，根据个人自评、党员互评、民主测评结果，由支委会对有不合格表现的党员作出初步认定。

（2）党支部对党员不合格表现进行调查，形成调查核实材料，支委会提出初步处置意见。基层党委（具有审批预备党员权限的党委，下同）可派人参加。

（3）党支部将初步处置意见、调查核实材料报基层党委预审。对拟作出劝退、除名处置的，由基层党委报上一级党委组织部门预审。

（4）经预审同意后，党支部召开支部大会，通报对拟处置党员调查核实和预审情况，讨论处置意见并进行表决。

（5）对作出限期改正处置的，由基层党委集体研究审批；对作出劝退、除名处置的，由基层党委集体研究提出审批意见，报上一级党委组织部门审查批准。党支部接到审批意见后，及时通知被处置党员，并以适当方式宣布。

根据《关于做好处置不合格党员工作的通知》，对评定为不合格党员，党组织要根据其表现和态度进行组织处置。组织处置方式分为限期改正、劝退、除名三种：

（1）对有继续留在党内的愿望、愿意接受教育并决心改造的不合格党员，党组织应要求其限期改正，时间一般为1年。限期改正期间，党员权利不受影响；

（2）对拒不改正或限期改正期满仍无转变的，应当劝其退党，劝而不退的应当予以除名；

（3）党员如果没有正当理由，连续6个月不参加党的组织生活，或不交纳党费，或不做党分配的工作，按自行脱党予以除名。

16 如何理解和执行“劝告退党”这一组织处理措施?

咨询问题： 前段时间，有1名党员因违反党纪，对党组织分配的工作任务推三阻四，并且公开参加封建迷信活动，经研究并上报批准，对其作出劝告退党的处理。请问：如何理解和执行“劝告退党”这一组织处理措施?

解答：《党章》第9条规定：“党员缺乏革命意志，不履行党员义务，不符合党员条件，党的支部应当对他进行教育，要求他限期改正；经教育仍无转变的，应当劝他退党。劝党员退党，应当经支部大会讨论决定，并报上级党组织批准。如被劝告退党的党员坚持不退，应当提交支部大会讨论，决定把他除名，并报上级党组织批准。”

劝党员退党，是对党员进行组织处理的一种方式，不是党的纪律处分，也不能代替党的纪律处分。使用这一措施时，一定要采取严肃认真的态度，慎重进行。对缺乏革命意志，不履行党员义务，不符合党员条件的党员，党组织应当对其进行教育，要求其限期改正；经教育仍无转变的，要对这个党员的表现进行全面的、历史的分析，弄清其消极落后的原因、有没有转变的可能、是否确实符合党章规定的劝退条件，实事求是地作出决定。

对那些经教育不改而被劝退和除名的不合格党员，党组织要注意做好他们的思想政治工作，不能歧视和排挤他们，仍然要继续关心、帮助和团结他们，教育他们在出党后做个好公民。有些人经过努力，改正了缺点错误，具备了党员条件时，还可以重新吸收他们入党。

17 对应给予留党察看或者开除党籍处分的党员，能否用限期改正或劝退、除名来代替？

咨询问题：近期，我们基层党委将要召开专题会议，研究讨论对一名违纪党员的处理意见，下属党支部上报的意见是给予开除党籍处分。在个别酝酿时，大家产生不同意见：有的同志认为应该尊重基层党支部的意见，批准给予开除党籍处分的意见；但有的同志认为，虽然这名党员的违纪行为符合开除党籍的条件，但应该根据“惩前毖后，治病救人”的原则，给其一个改过自新的机会，建议采取责令限期改正的方式来给予处分；也有同志认为，开除党籍的处分太严厉了，名声上也不好听，建议改为劝退。请问：对应给予留党察看或者开除党籍处分的党员，能否用限期改正或劝退、除名来代替？

解答：根据相关规定，对违犯党纪应给予留党察看和开除党籍处分的党员，不能用限期改正或劝退、除名来代替。同样，不合格党员应该劝退、除名或者限期改正的，也不能用其他处分来代替。

18 “争先创优”的基本要求是什么?

咨询问题：前段时间，我们乡党委统一部署了如何将“争先创优”活动与“两学一做”学习教育常态化制度化结合起来，强势推进并抓好落实这个问题。“两学一做”的内容我知道，但对“争先创优”的有关知识不太了解，能帮我解释一下吗？

解答：“争先创优”是指争创先进基层党组织、争当优秀共产党员。2010 年，中共中央办公厅转发了《中央组织部、中央宣传部关于在党的基层组织和党员中深入开展争先创优活动的意见》(中办发〔2010〕12 号),《意见》提出：

先进基层党组织的基本要求是：学习型党组织建设成效明显，出色完成党章规定的基本任务，努力做到“五个好”：

（1）领导班子好。领导班子能深入学习实践科学发展观，认真贯彻党的路线方针政策，团结协作，求真务实，勤政廉洁，有较强的凝聚力和战斗力。

（2）党员队伍好。党员素质优良，有较强的党员意识，能够充分发挥先锋模范作用。

（3）工作机制好。规章制度完善，管理措施到位，工作运行顺畅有序。

（4）工作业绩好。本单位各项工作成绩显著，围绕中心、服务大局事迹突出。

（5）群众反映好。基层党组织在群众中有较高威信，党员在群众中有良好形象，党群干群关系密切。

优秀共产党员的基本要求是：模范履行党章规定的义务，努力做到“五带头”：

（1）带头学习提高。认真学习实践科学发展观，自觉坚定理想信念，认真学习科学文化知识，成为本职工作行家里手。

（2）带头争创佳绩。具有强烈的事业心和责任感，埋头苦干、开拓创新、无私奉献，在本职岗位上做出显著成绩。

（3）带头服务群众。积极帮助群众解决实际困难，自觉维护群众正当权益。

（4）带头遵纪守法。自觉遵守党的纪律，模范遵守国家法律法规。

（5）带头弘扬正气。发扬社会主义新风尚，敢于同不良风气、违纪违法行为作斗争。

19 预备党员能否被评为优秀党员？

咨询问题：我是一名党员发展考察对象，再过两个月培养考察期满，支部就要研究讨论我的预备党员问题了。前段时间参加上级的会议，会上，县委通报表彰了一批优秀共产党员和优秀党务工作者，心里非常羡慕他们。请问：如果我顺利通过了支部大会的研究讨论，成为一名预备党员后，下次能否参加优秀党员的评比表彰？

解答：不能。根据相关规定，预备党员还没有取得正式党员的资格，正在接受党组织的培养教育和考察。有些预备党员表现突出，党组织可以对其进行表扬或推荐他们做先进生产（工作）者，同时，把他们的这些表现作为评价其能否按期转正的依据。不能因为其有突出表现而评选为优秀党员。

20 党员的党龄应从何时起算？与入党时间是否相同？延期转正的预备党员和受留党察看处分的党员，其党龄怎样计算？

咨询问题：前几天上党课时，我们对党员的党龄问题进行了讨论：有人认为党龄就是党员的入党时间，有人却认为党龄与入党时间是两码事，并以延期转正的党员党龄计算为例，进行反驳。请问：党员的党龄应从何时起算？与入党时间是否相同？延期转正的预备党员和受留党察看处分的党员，其党龄怎样计算？

解答：党员的入党时间与计算党龄的时间不同。党员的入党时间，是指支部党员大会通过他为预备党员的时间；而党员的党龄，是从预备党员转为正式党员之日算起。《党章》第7条也明确规定："党员的党龄，从预备期满转为正式党员之日算起。"根据相关规定，被批准重新入党，有预备期的，其党龄应从预备期满转为正式党员之日算起；没有预备期的，其党龄应从上级党委决定其重新入党之日算起。前段党龄不能连续计算。

延期讨论转正的预备党员，其党龄计算应视不同情况而定：

（1）如本人具备转正条件，只是由于组织上的原因拖延了转正的时间，其党龄应从原预备期满之日算起。

（2）如因本人入党时隐瞒了有关问题需要查清，或因本人存在明显缺点和问题，而推延了转正时间的，其党龄从支部大会讨论通过其转为正式党员之日算起。

受留党察看处分的党员，在他恢复党员权利之后，留党察看期间的党龄可连续计算。

21 不同时期入党的党员，入党时间和党龄计算有什么不同？

咨询问题：我爷爷是党员，我父亲和母亲也是党员，受他们的影响，我自幼对党的感情也很深。最近，我也向党组织递交了入党申请书，正在接受组织的考验。在一次与爷爷和父母谈论他们的入党时间和党龄问题时，发现他们说的情况都不一样。请问：不同时期入党的党员，入党时间和党龄计算有什么不同？

解答：经查阅党史资料，这个问题，要区分情况，分别对待。因为在我们党的历史上，有些时期有预备期，有些时期则没有预备期；有些时期入党时间从党员大会通过之日算起，有些时期入党时间则从党委批准之日算起，情况不尽相同。具体来讲：

1921 年 7 月 1 日至 1923 年 6 月 9 日，入党时间为上级党委批准之日，无预备期，党龄同时开始计算。

1923 年 6 月 10 日至 1927 年 4 月 26 日，入党时间为上级党委批准为预备党员之日，党龄从转正之日算起（转正之日等于入党时间加预备期；劳动者预备期 3 个月，非劳动者预备期 6 个月）。

1927 年 4 月 27 日至 1928 年 6 月 17 日，工人、农民、手工业者、店员、士兵入党时间为上级党委批准之日，无预备期，党龄同时开始计算；知识分子、自由职业者入党时间为上级党委批准之日，预备期 3 个月，党龄从转正之日算起。

1928 年 6 月 18 日至 1945 年 4 月 22 日，入党时间为上级党委批准之日，无预备期，党龄同时开始计算。

1945 年 4 月 23 日至 1956 年 9 月 14 日，入党时间为上级党委批准之日，党龄从转正之日算起。商人、苦力、雇农、贫农、城市贫民、士兵预备期 6 个月；中农、职员、知识分子、自由职业者预备期为1年；其他人员预备期为2年。

1956年9月15日至1969年3月31日，入党时间为支部大会接收为预备党员之日（须经上级党委批准），党龄从转正之日算起，预备期为1年。

1969年4月1日至1977年8月11日，入党时间为上级党委批准之日，无预备期。党龄同时开始计算。

1977年8月12日至1982年9月5日，入党时间为上级党委批准为预备党员之日，党龄从转正之日算起，预备期为1年。

1982年9月6日至今，入党时间为支部大会接收为预备党员之日（须经上级党委批准），党龄从转正之日算起，预备期为1年。

22 党旗的通用规格有几种？能否使用非规格的党旗？

咨询问题：中央“刹四风”的通知精神传达到我们乡里后，乡党委高度重视，严格按标准整治落实。在清理超面积的办公用房时，党政办公室被分割成三间小办公室，供其他干部使用。我们党政办公室的人员都搬到党委会议室集体办公。党委会议室是用原来的库房改造而成的。看到当时的房间不够规整，悬挂正规党旗不匹配，办公室人员便根据房屋的长宽比例自制了一面党旗挂在墙上。但上级过来检查时，指出这个问题。请问：党旗的通用规格有几种？能否使用非规格的党旗？

解答：《中国共产党党旗党徽制作和使用的若干规定》第4条明确规定：“党旗的通用规格有下列五种：

（一）长288厘米，宽192厘米；

（二）长240厘米，宽160厘米；

（三）长192厘米，宽128厘米；

（四）长144厘米，宽96厘米；

（五）长96厘米，宽64厘米。”

根据该《规定》，在特定场所需要使用非通用规格党旗的，报县级以上党的委员会组织部批准。因此，你们可以使用，但必须向县委组织部报告，经其批准后才能使用。

23 党旗使用的范围是怎么规定的？升挂国旗的场所能否同时悬挂党旗？

咨询问题：我是一名预备党员，在参加一些党的活动时，发现有时候党旗是悬挂在墙上的，有时是挂在旗杆上的，但很少看见跟国旗一起悬挂的。请问：党旗使用的范围是怎么规定的？升挂国旗的场所能否同时悬挂党旗？

解答：《中国共产党党旗党徽制作和使用的若干规定》第6条明确规定：“党旗的使用范围：

（一）召开党的基层代表大会，举行新党员入党宣誓仪式；

（二）党内举行重大庆祝、纪念活动，党日活动；

（三）党的委员会及其工作部门、党的中央和地方委员会派出的代表机关及其工作部门、党的纪律检查机关的会议室，可以悬挂党旗。

按照国旗法规定应升挂国旗的场所，一般不同时悬挂党旗。”

24 党员去世后，能否在其遗体或骨灰盒上覆盖党旗？

咨询问题：我们镇里有一位退伍老干部，解放战争时期入伍后入党，退休后回老家疗养，同时也将组织关系转回我们这里。最近，这位老革命病重，在住院期间向组织上预交了1000元的党费，同时附有一封遗书，其中有一项要求就是希望去世后能在身上覆盖一面党旗。对于如何回答这个问题，我们手头上都没有相关的规定。请问：党员去世后，能否在其遗体或骨灰盒上覆盖党旗？

解答：党员去世后，其遗体或骨灰盒上覆盖党旗要经过组织批准才可以，不能自己说盖就盖。中共中央组织部2003年《关于全面做好规范中国共产党党徽党旗工作有关问题的通知》规定：“党员去世后，经所在单位党组织同意，可以在其遗体或骨灰盒上覆盖党旗，但党旗不得随遗体火化或随骨灰盒掩埋。”根据这一规定，党员去世后，经生前所在党组织批准可在其遗体或骨灰盒上覆盖党旗。通行做法，遗体覆盖一般用3号或4号党旗，骨灰盒覆盖一般用5号党旗，但党旗不得随遗体火化或随骨灰盒掩埋。覆盖用党旗可以重复使用，也可以赠送给家属用于骨灰盒室内存放时覆盖。一般来讲，具有社会影响的中共党员去世都可以覆盖党旗。

25 党徽的使用范围是怎么规定的？在规定范围外使用党徽要经哪一级党组织批准？

咨询问题：我发现，党徽的使用范围好像比党旗的使用范围要小得多，很多能见到党徽的地方都能见到党旗，但有些悬挂党旗的地方却未必有党徽。请问：党徽的使用范围是怎么规定的？在规定范围外使用党徽要经哪一级党组织批准？

解答：《中国共产党党旗党徽制作和使用的若干规定》第7条规定，党徽的使用范围如下：

（1）党的委员会及其工作部门、党的中央和地方委员会派出的代表机关及其工作部门、党的纪律检查机关和党组的印章（印模）中间应当刻有党徽图案。

（2）召开党的全国代表大会、代表会议和地方各级代表大会、代表会议，应当悬挂党徽，并在党徽两侧各布五面红旗。

（3）党的各级组织颁发的奖状、证书和其他荣誉性文书、证件上，可以印党徽图案。

（4）党内出版物上可以印党徽图案。

除上述情况外，使用党徽及其图案需经县级和县级以上党的委员会组织部批准。

26 窗口单位和服务行业佩戴党徽有何规定?

咨询问题：我们县里各个乡镇都设了便民服务中心，有些窗口单位的工作人员在胸前佩戴了党徽，有的却没有佩戴。请问：窗口单位和服务行业佩戴党徽有何规定?

解答：为了进一步推动窗口单位和服务行业深入开展“为民服务、创先争优”活动，中共中央组织部办公厅设计了党员徽章推荐式样，并于2011年9月印发《关于窗口单位和服务行业党员佩戴党员徽章有关事宜的通知》。《通知》规定：“党员徽章正面上方为中国共产党党旗图案，下方的圆形图案，印有：‘为人民服务’字样；背面标注某某省（区、市）或××部门（系统）党委组织部监制字样。徽章尺寸为24×22.5×2mm；材质为锌挂镀仿金；单价为1元。定点生产企业为浙江苍南县金乡徽章厂。”《通知》还指出：“尚未发放并准备发放党员徽章的窗口单位和服务行业，可由省（区、市）、部门（系统）党委组织部门根据实际需要，直接与定点生产企业联系制作。”

27 党旗党徽的使用要求及注意事项有哪些？

咨询问题： 最近，上级下发通知，要求严格执行相关规定要求，加强对党旗党徽的管理使用。由于平时对这些知识接触较少，不太了解相关的规定。请问：党旗党徽的使用要求及注意事项有哪些？

解答： 根据《中国共产党党旗党徽制作和使用的若干规定》第2条、8条、9条、10条、11条之规定，中国共产党的党旗党徽是中国共产党的象征和标志。党的各级组织和每一个党员都要维护党旗党徽的尊严。悬挂党旗党徽，应当置于显著位置。使用党旗党徽及其图案，应当严肃、庄重。不得使用破损、污损、褪色或不符合制作规定的党旗党徽。党旗党徽及其图案不得用作商标和广告。发现不规范的党旗党徽及其图案，要及时予以纠正。党的各级组织应对执行情况经常进行监督检查，对违反规定的党组织和党员应进行批评教育，情节严重的应给予当事人党的纪律处分。

28 党的基层组织实行党务公开的内容、程序和方式都有哪些？

咨询问题： 上级要求党务村务两公开。村务公开的情况我比较熟悉，但党务公开在我们这里刚推行。请问：党的基层组织实行党务公开的内容、程序和方式都有哪些？

解答： 实践证明，党的基层组织实行党务公开，对于推进全面从严治党，加强党内监督，充分调动全党积极性、主动性、创造性具有重要意义。党的十九大报告对推进党务公开提出了明确要求。自2017年12月20日起施行的《中国共产党党务公开条例（试行）》（以下简称《试行条例》），对相关问题进行了明确。

关于基层党组织党务公开的内容，《试行条例》第11条明确规定党的基层组织应当公开以下内容：

（1）学习贯彻党中央和上级组织决策部署，坚决维护以习近平同志为核心的党中央权威和集中统一领导情况；

（2）任期工作目标、阶段性工作部署、重点工作任务及落实情况；

（3）加强思想政治工作、开展党内学习教育、组织党员教育培训、执行“三会一课”制度等情况；

（4）换届选举、党组织设立、发展党员、民主评议、召开组织生活会、保障党员权利、党费收缴使用管理以及党组织自身建设等情况；

（5）防止和纠正“四风”现象，联系服务党员和群众情况；

（6）落实管党治党政治责任，加强党风廉政建设，对党员作出组织处理和纪律处分情况；

（7）其他应当公开的党务。

关于基层党组织党务公开的程序，《试行条例》第15条明确规定：

凡列入党务公开目录的事项，有关党的组织应当按照以下程序及时主动公开：

（1）提出。党的组织有关部门研究提出党务公开方案，拟订公开的内容、范围、时间、方式等。

（2）审核。党的组织有关部门进行保密审查，并从必要性、准确性等方面进行审核。

（3）审批。党的组织依照职权对党务公开方案进行审批，超出职权范围的必须按程序报批。

（4）实施。党的组织有关部门按照经批准的方案实施党务公开。

关于基层党组织党务公开的方式，《试行条例》第 16 条和 17 条明确规定：党的组织应当根据党务公开的内容和范围，选择适当的公开方式。

在党内公开的，一般采取召开会议、制发文件、编发简报、在局域网发布等方式。向社会公开的，一般采取发布公报、召开新闻发布会、接受采访，在报刊、广播、电视、互联网、新媒体、公开栏发布等方式，优先使用党报党刊、电台电视台、重点新闻网站等党的媒体进行发布。

党务公开可以与政务公开、厂务公开、村（居）务公开、公共事业单位办事公开等方面的载体和平台实现资源共享的，应当统筹使用。

有条件的党的组织可以建立统一的党务信息公开平台。

29 党的领导干部与普通党员是上下级关系吗？

咨询问题：最近，我们在上党课后进行讨论时，对党的领导干部与普通党员的关系问题产生了分歧，有的说是上下级关系，有的说不是。请问：党的领导干部与普通党员是上下级关系吗？

解答：党的领导干部和普通党员的关系是辩证的。党的领导干部首先是一名普通党员，党的领导干部是从普通党员中选拔出来的。《中国共产党党员权利保障条例》第 3 条规定："坚持在党的纪律面前人人平等的原则，不允许任何党员享有特权。"从这一点上来讲，无论是领导干部，还是普通党员，都是平等的。但从另一方面来讲，党的领导干部参与党和国家建设，是普通党员中的先进者、带头人，责任更重一些。根据《党章》第36条的规定，党的各级领导干部除了模范地履行普通党员必须履行的8项义务外，还必须具备6项基本条件。因此，党的领导干部要从严要求自己，保持普通党员的本色，不能脱离群众，不搞特殊化，在这一点上，对领导干部的要求要严于普通党员。而且，普通党员可以监督党的领导干部履行职责。

30 在党组织内，书记与委员是领导与被领导关系吗？

咨询问题：关于党组织内书记与委员的关系问题，我们在上完党课后有不同意见，有的说书记与委员是领导与被领导关系，有的说是平等的同志关系。还有的拿出毛泽东的话“要当班长不当家长”来探讨。请问：书记与委员是领导与被领导关系吗？

解答：根据相关规定，在党的基层组织，书记与委员都是平等的同志关系，不是领导与被领导关系，也不是上下级关系。党组织讨论决定问题时，书记与委员一样，每个人都具有同等的一票。但从书记的职责来说，他好比委员会一班人的“班长”，起着重要作用，比委员负的责任更大些。不论是书记或者委员，都必须接受党组织的集体领导和监督。在日常工作中，书记要支持和帮助每个委员做好工作；每个委员都要尊重和支持书记的工作，接受书记的监督、检查和指导。

31 党组织讨论决定问题时，少数人有不同意见，怎么处理？

咨询问题：我们知道，党的基本组织原则之一就是少数服从多数。但我看了党史，发现党在若干个历史关头，以毛泽东等为代表的少数人的意见正确的，但在少数服从多数的情况下，被忽略了，给我们的革命和建设造成了重大损失。请问，党组织讨论决定问题，少数人有不同意见，怎么处理？

解答：《党章》在第10条明确指出“少数服从多数”是“党的民主集中制的基本原则”之一。并在第4条第7款规定党员“对党的决议和政策如有不同意见，在坚决执行的前提下，可以声明保留，并且可以把自己的意见向党的上级组织直至中央提出”，“并要求有关组织给以负责的答复”。第17条规定：“党组织讨论决定问题，必须执行少数服从多数的原则。决定重要问题，要进行表决。对于少数人的不同意见，应当认真考虑。如对重要问题发生争论，双方人数接近，除了在紧急情况下必须按多数意见执行外，应当暂缓作出决定，进一步调查研究，交换意见，下次再表决；在特殊情况下，也可将争论情况向上级组织报告，请求裁决。”《中国共产党党员权利保障条例》第12条也规定：“党员对党的决议和政策如有不同意见，在坚决执行的前提下，可以在党的会议上或者向党组织声明保留，并且可以把自己的意见向党的上级组织直至中央反映。”因此，对于少数人的不同意见，应按上述规定处理。值得提醒的是，一经表决，少数人的意见被否决后，必须拥护和执行多数人所通过的决定，不得在行动上有任何反对的表示。

32 党的基层组织讨论决定问题时，同意和不同意的人数各占一半怎么办？

咨询问题：我们党支部委员会共有7名成员，前段时间有1名同志外出进行短期培训，只有6名成员在位。上午，我们在研究上级下达的2.5公里“村村通”公路指标分配使用问题时，意见发生分歧，有的建议继续修建村里的主干道，以便早日与县道连通；有的认为村里当前的主干道挺好的，虽有部分未全线贯通，但可以暂时先放一放，把村主干道与某组的烂泥路先修建一下，解一下燃眉之急。后来表决时，出现了3:3的僵局。请问：这种情况下应该怎么办?

解答：根据《党章》规定，党组织实行集体领导讨论决定问题时，必须坚持少数服从多数的原则。按照通常做法，党的委员会一般由单数组成，因此一般不会发生同意和不同意的人数各占一半的情况。但也有少数单位党的基层组织因个别委员调动或者其他原因出现双数。在这种情况下讨论问题时，根据《党章》第17条"如对重要问题发生争论，双方人数接近，除了在紧急情况下必须按多数意见执行外，应当暂缓作出决定，进一步调查研究，交换意见，下次再表决；在特殊情况下，也可将争论情况向上级组织报告，请求裁决"之规定，一般不要匆忙作决定，可以进一步做一些调查研究，学习有关政策规定，然后再进行讨论并作出决定。如果表决结果仍然是两种不同意见各占一半，则应将两种不同意见同时报上级党组织，按照上级党组织的决定执行。为了避免上述情况的发生，对讨论的问题，应当事先做好酝酿工作。

33 党员对党组织的决定有不同意见，怎么办?

咨询问题：邻村一名党员朋友向我诉苦，说是他们村的党支部在民主评议党员时，将他评为"合格"，他觉得应该是"优秀"。请问：如果党员对党组织的决定有不同意见时，应该怎么办?

解答：根据《党章》第4条规定，党员对党的决议和政策如有不同意见，在坚决执行的前提下，可以声明保留，并且可以把自己的意见向党的上级组织直至中央提出，有权要求有关组织给以负责的答复。党的任何一级组织直至中央都无权剥夺党员的上述权利。《中国共产党党员权利保障条例》第12条也规定："党员对党的决议和政策如有不同意见，在坚决执行的前提下，可以在党的会议上或者向党组织声明保留，并且可以把自己的意见向党的上级组织直至中央反映。"第13条规定："党员对于党组织给予本人的处分、鉴定、审查结论或者其他处理不服的，有权向本人所在党组织、上级党组织直至中央提出申诉；党员认为党组织给予其他党员的处分、鉴定、审查结论或者其他处理不当的，有权逐级向党组织直至中央提出意见。党员的合法权益受到党组织或者其他党员侵害时，有权向本人所在党组织、上级党组织直至中央提出控告。"因此，党员对党组织的决定有不同意见，可以声明保留并可向党的上级组织直至中央提出。但在上级或本级党组织没有改变决定前，除了执行决定会立即引起严重后果的非常紧急的情况之外，必须根据个人服从组织、少数服从多数的原则，无条件地执行组织的决定，并不得散布同组织决定相悖的观点，不得公开地或者变相地进行抵制。

作为党组织来讲，对党员提出的请求，要根据《中国共产党党员权利保障条例》第23条"党组织要认真处理党员的申诉。对于党员的申诉，有关党组织要按照规定进行复议、复查，不得扣压。上级党组织认为必要时，可以直接或者指定有关党组织进行复议、复查。经复议、复查或者审查决定，对于全部或者部分纠正的案件，重新作出的决定应当在一定范围内宣布。对于处理正确而本人拒不接受的，给予批评教育；对于无正当理由反复申诉的，有关党组织应当正式通知本人不再受理并在适当范围内宣布"的规定进行。

34 乡镇企业的党组织应在哪些方面参与企业的重大问题决策?

咨询问题:我是一名乡镇党员干部，根据组织安排，马上要到新成立的乡镇企业任党组织负责人，心里很是忐忑，不知道在乡镇企业一把手负责制的背景下，党组织应在哪些方面参与企业的重大决策?

解答:中共中央办公厅转发中央组织部、国务院国资委党委《关于加强和改进中央企业党建工作的意见》（中办发〔2004〕31号）提出:“参与企业重大问题决策，是国有企业和集体企业党组织的重要职责，是党组织在企业中发挥政治核心作用的基本途径。党组织参与国有企业重大问题决策的主要内容是:企业发展战略、中长期发展规划，企业生产经营方针、年度财务预算和决算，企业资产重组和资本运作中的重大问题，企业的重要改革方案和重要管理制度的制定、修改，企业重要人事安排及内部机构的设置调整，涉及企业职工切身利益的重大问题等。各企业可以结合实际把党组织参与企业重大问题决策的内容具体化。”据此，你根据上述规定抓好各项工作就可以了。

35 党组织讨论决定问题时，哪些问题应当进行表决?

咨询问题:我有几次列席单位的党委扩大会，发现党组织在研究讨论问题时，有时进行举手表决，有时没有进行表决，只是征询并集中大家的意见，然后进行小结。请问:党组织讨论决定问题时，哪些问题应当进行表决?

解答:《党章》第17条规定:“党组织讨论决定问题，必须执行少数服从多数的原则。决定重要问题，要进行表决。”至于重要问题是指哪些，《中国共产党党员权利保障条例》第 20 条规定："重要问题主要是指：涉及党的路线、方针、政策的事项；重大工作任务的部署；按干部管理规定应该由集体讨论决定的干部推荐、任免、调动和奖惩；涉及人民群众生产、生活等切身利益的问题；发展新党员；上级党组织规定应当集体讨论决定的其他问题。"

据此，对上述范围的问题进行讨论研究时，应进行表决。

36 支委会能否修改或否定支部大会通过的决议？

咨询问题：我是村委班子成员，前几天，村里召开支部党员大会，研究对一名工作方式简单粗暴的党员、村民小组长的处理意见。支委提出的意见是警告处分，但在支部党员大会进行研究讨论时，三分之二的多数党员认为在当前形势下，这名党员仍然置上级三令五申于不顾，公然给党的形象和党员身份抹黑，应予严惩。最后决定给予其严重警告处分。会议结束后，支委会有部分同志对这一决议有意见。请问：支委会能否修改或否定支部大会通过的决议？

解答：支委会不能修改或否定支部大会通过的决议。根据相关规定，支部大会是支部的最高权力机关。由支部大会选出的支委会向支部大会负责并定期向支部大会报告工作，接受支部大会的审查和监督。支部的重大问题，如研究贯彻上级党组织的决议、指示，接收新党员，处置不合格党员，处分犯错误党员等，都应由支部大会讨论决定。支部大会作出的决议，支委会要认真贯彻执行，不能修改或否定。为了便于支部大会对问题进行讨论和作出决议，支委会可以提出初步意见和方案，但不能把它强加给支部大会，更不能把支委会置于支部大会之上。相反，支委会作出的决定，支部大会有权修改、否定。支委会如发现支部大会作出的决议有不符合党的路线、方针、政策和有关规定时，可重新召开支部大会进行讨论修改，或请示上级党组织裁定。

37 支部委员能否在支部大会上发表与支委会决定不同的意见?

咨询问题：我是一名支委成员，在研究讨论吸收某人为预备党员这一议题时，我从日常了解和别人反映的情况综合分析认为，此人暂不具备预备党员条件，应继续进行培养锻炼，但支委会没有采纳我的意见。下步，准备召开支部党员大会研究接收该同志为预备党员。我想问一下：我能否在支部大会上继续坚持我的观点？

解答：在支部大会上，每个党员（包括支部委员）都有权自由的参加讨论，发表意见。支部委员在支委会讨论问题时没有被采纳的意见可以在支部大会上重新提出。同样的道理，在支委会讨论问题时被采纳的意见，因后来认识有了变化，在支部大会上发表新的、与支委会决定不同的意见，也是允许的。但最好是先把自己改变的意见和理由，向支委会说明一下，让支委会考虑原来的决定是否恰当。在支委会讨论时，如果有不同意见不提出来，故意放在支部大会上发表，这种做法不利于党的工作和团结，也是不符合党性原则的。

38 不设支委会的支部如何讨论决定重大问题?

咨询问题：我是根据组织的安排，到某单位新任职的一名基层干部。接转组织关系时，才得知我们单位的党支部由于党员数较少，没有支委会。请问：类似这种不设支委会的支部如何讨论决定重大问题？

解答：根据相关规定和通行做法，党员人数不足7名的支部，一般不设支委会，只设一名书记，必要时增设一名副书记。这样的支部因党员人数不多，对一些重大问题可以直接召开支部大会讨论决定。不能由支部书记个人决定，也不能由正副书记两人商量决定。至于支部的日常工作，可由支部书记具体负责处理并定期向支部大会报告。

39 支委扩大会议能否对重要问题进行表决？委员没过半数能否召开支委扩大会议？

咨询问题：在一次党课结束后，我们进行讨论时，聊起了支部党员大会与支委扩大会的职权问题。有的同志说，支部党员大会与支委扩大会的职权相近，两者可以相互替代；有的同志说，支部党员大会是该支部的最高权力机关，支委会是最高权力机关的执行机关，支委扩大会的人数再多，其实质仍然是支委会的特殊形式，仍不能取代支部党员大会；还有的同志说，当支委成员不过半数的时候，只能通过召开支委扩大会的形式来研究决定重大问题。请问：这些说法对吗？

解答：支委会在支部大会闭会期间，负责领导和处理支部的日常工作。在一般情况下，凡属支委会职权范围内的重要问题，应由支委会讨论决定。有时因工作需要，可以召开支委扩大会，吸收有关党员参加。参加支委扩大会的同志可以充分发表意见，但在最重要问题进行表决时无表决权。因此，支委扩大会议不能对重要问题进行表决。重要问题仍应由支委会表决通过。根据这一规定，委员人数没过半数不能召开支委扩大会议。

CHAPTER

第四章

党员管理

1 预备党员的预备期应从何时起算?

咨询问题: 有人说预备党员的预备期从支部大会通过他为预备党员之日起算，有人说从上级党组织的审批通过之日起算。请问：预备党员的预备期应从何时起算?

解答:《党章》第7条规定:“预备党员的预备期为一年。……预备党员的预备期，从支部大会通过他为预备党员之日算起。”《中国共产党发展党员工作细则》第32条也规定:“预备党员的预备期为一年。预备期从支部大会通过其为预备党员之日算起。”第23条规定:“预备党员必须由党委（工委，下同）审批。”从实际情况看，预备党员的预备期起算日应分别从以下几个方面来确定:

（1）支部大会通过后，上级党组织在规定的期限（3个月内）审批的，其预备期从支部大会通过他为预备党员之日起算。

（2）支部大会通过后，上级党组织超过3个月审批的，其预备期的起算日应视具体情况而定：如系本人原因所致，其预备期应从支部大会复议之日（或由党委确定之日）起算；如是组织上的原因，且其表现一直较好，其预备期仍应从支部大会通过他为预备党员之日起算。

（3）支部大会通过后，超过6个月未予审批的，如本人一直表现较好，原党支部要为其重新办理入党手续（包括重新填写《入党志愿书》），其预备期应从重新办理入党手续的支部大会通过他为预备党员之日起算。

2 如何做好长期在外工作的预备党员教育和考察工作?

咨询问题：在推动“两学一做”学习教育常态化制度化过程中，上级要求我们注意延伸视角，加强长期在外工作的预备党员的教育和考察工作。为此，我们做了一些探索和尝试，但总感觉效果不够理想。请问：如何做好这项工作?

解答：对长期在外工作的预备党员，党组织更应重视做好教育和考察工作。根据中共中央办公厅关于印发的《关于加强和改进流动党员管理工作的意见》，预备党员外出时间超过3个月的，应开具党员证明信；超过6个月的，应开具党员组织关系介绍信；无固定地点、无法转移党员组织关系的，应领取《流动党员活动证》。预备党员可持上述手续，到所在地的地方或单位的党组织参加党的组织生活，接受组织的教育和考察。原所在党组织和现在所在的党组织应加强联系，做好对预备党员教育考察的衔接工作，关心了解他们的思想和工作情况。对预备期满的预备党员，其党的正式组织关系所在党组织应根据本人的申请，按期讨论其转正问题。

3 如何扎实推进“两学一做”学习教育常态化制度化?

咨询问题：最近上级下发通知，要求结合本地区本单位实际，扎实推进“两学一做”学习教育常态化制度化。请问：如何才能扎实推进“两学一做”学习教育常态化制度化?

解答：推进“两学一做”学习教育常态化制度化，是坚持思想建党、组织建党、制度治党紧密结合的有力抓手，是不断加强党的思想政治建设的有效途径，是全面从严治党的战略性、基础性工程。推进“两学一做”学习教育常态化制度化，对于进一步用习近平总书记系列重要讲话精神武装全党，确保全党更加紧密地团结在以习近平同志为核心的党中央周围，不断开创新时代中国特色社会主义事业新局面，具有重大而深远的意义。

从实际来讲，推进“两学一做”学习教育常态化制度化，要坚持全覆盖、常态化、重创新、求实效，坚持学做结合，依托党委理论学习、党支部“三会一课”等基本制度，融入日常、抓在经常，防止形式主义，防止“两张皮”。要紧密联系本地区本部门本单位实际，联系党员思想工作实际，突出分类指导，组织党员、干部经常自省修身、打扫思想灰尘，有什么问题解决什么问题，什么问题突出重点解决什么问题。领导机关要带头学、带头做，要把学党章党规、学系列讲话作为主要内容，党员领导干部要把自己摆进去，不断改造自己，提高思想政治觉悟。要把党支部建设作为最重要的基本建设，充分发挥党支部教育管理党员的主体作用，树立党的一切工作到支部的鲜明导向。各级党委要认真履行主体责任，每年要对开展“两学一做”学习教育情况进行评估总结，一级抓一级，层层抓落实，带动基层党组织和广大党员奋发有为、敢于担当、建功立业，更加紧密地团结在以习近平同志为核心的党中央周围，为统筹推进“五位一体”总体布局和协调推进“四个全面”战略布局提供坚强组织保证。

4 如何引导党员做到“四个合格”？

咨询问题：最近，上级下发通知，要求各级党组织教育引导广大党员，在按照“四讲四有”标准，做到政治合格、执行纪律合格、品德合格、发挥作用合格方面开展探索创新。为抓好这项工作落实，上级党委决定在机关、农村、城镇和企业等不同类型单位中选择几个支部，开展试点先行，积累经验。我们单位是其中之一。请问：如何引导党员做到“四个合格”？

解答： 习近平总书记和党中央提出的“四个合格”是指政治合格、执行纪律合格、品德合格、发挥作用合格。各单位在抓好这项工作中，要注意区分层次，贴近实际，稳步落实。具体来讲：

在政治合格方面，重点是教育引导广大党员坚定理想信念，正确把握政治方向，坚定站稳政治立场，坚决维护以习近平同志为核心的党中央权威，不断增强中国特色社会主义道路自信、理论自信、制度自信、文化自信。

在执行纪律合格方面，重点是教育指导广大党员增强组织纪律性，执行党的决定，服从组织分配，严守党的纪律特别是政治纪律和政治规矩。

在品德合格方面，重点是教育引导广大党员继承发扬党的优良传统和作风，大力弘扬忠诚老实、光明坦荡、公道正派、实事求是、艰苦奋斗、清正廉洁等共产党人价值观，带头践行社会主义核心价值观。

在发挥作用合格方面，重点是教育引导广大党员时刻牢记党的根本宗旨，爱岗敬业、履职尽责，服务群众、奉献社会，敢担当、敢负责、敢作为，在促进改革发展稳定中作表率、当先锋。

各单位可根据各自的特点和实际存在的问题以及行业情况，进一步细化目标要求和步骤措施，早日抓出特色，抓出成效。

5 如何构建党员联系和服务群众工作体系？

咨询问题： 党的十九大报告指出：“党支部要担负好直接教育

党员、管理党员、监督党员和组织群众、宣传群众、凝聚群众、服务群众的职责”，同时也要求“必须紧紧围绕保持党同人民群众的血肉联系，增强群众观念和群众感情，不断厚植党执政的群众基础”。为贯彻落实这些目标要求，上级确定在我们这里开展党员联系和服务群众工作探索试点，但我们目前还没有形成具体的思路和办法。请问：怎么构建党员联系和服务群众工作体系？

解答：群众工作路线，是我们党的根本工作路线。构建党员联系和服务群众工作体系，是将党的群众路线落实到工作中去的重要保障。由于基层党组织所处的枢纽地位、所承担的重要职责和所具有的特殊影响，决定了加快构建党员干部联系和服务群众工作体系显得尤为迫切和重要。具体来讲，应从以下几个方面入手：

一是要强化思想认识。要认识到构建党员干部联系和服务群众工作体系，是党员践行宗旨的内在需要，是履行基层党组织职能的有力保证，是基层党组织发挥作用的重要载体，自觉把这项工作抓好。健全基层党组织学习制度，继续大规模、多层次、有重点地举办各类培训班，采取“三会一课”、远程教育、网上党校、专题讲座、党课辅导、党员自学等手段，扎实推进党员教育培训工作。要结合“两学一做”常态化制度化，在广大党员队伍中广泛开展“亮身份、亮承诺、亮业绩”为主要内容的“三亮”活动，通过佩戴党徽、工作牌、服务卡、设立党员公示栏等形式亮身份，通过公示栏、办公桌台签、政府信息网、电子显示屏等多种方式亮承诺，通过“岗位竞赛”“技能比武”“党员先锋岗”等载体亮业绩，充分发挥先锋模范作用，确保“平时看得出来”“关键时刻站得出来”“危急关头豁得出来”。

二是要健全服务网络。要建立和完善便民服务中心建设。依托县级政务服务中心建立党员联系服务群众工作中心，整合乡镇的民政、扶贫、社会保障、国土、规划、财政、地税、公安、司法等单位涉及公共服务的资源，建立乡镇政务服务中心，完善硬件设施建设，实现“一站式办公，一条龙服务，一个窗口进出”。要加强村组便民服务网络建设。大力推进村级组织活动场所建设和农村党员干部现代远程教育站点建设，积极推进社区党组织“三有一化”建设，在行政村（社区）建立“一站式”便民服务站和便民服务代办点。在村民小组或自然村（片区）建立民情直报点和服务群众工作联系员，在村民小组的党员户中设立党员中心户。要努力扩大党的工作覆盖面。把党组织的创建触角、党组织的优势服务、党员的示范作用、党组织的活动进一步延伸，在城镇居民小区、农民专业经济组织、产业链、外出务工经商人员相对集中点建立党组织，延长党员服务群众链条。同时，全力整合社会资源，推进党员服务网络向工业园区、非公有制经济组织集中地和人力资源市场、人才市场、计生服务站、社区卫生服务中心、中介机构等与群众联系密切的服务平台紧密对接，充分利用工会、共青团、妇联等群团组织的优势，推进党员联系服务群众工作领域全覆盖。

三是要分立长效机制。要完善联系点制度。实行乡镇党政领导挂点联系村（社区）、乡镇党员干部挂点联系村民小组制度。要建立岗位目标责任制度。在乡镇党委委员、乡镇党代表、村（社区）党组织班子成员之间，按照工作职责、所在区域等不同情况，建立覆盖各个层面的责任区；建立健全党员双向承诺、党员义工日、无职党员设岗定责、流动党员先锋岗、离退休党员服务岗等制度，按照党员的各自特长设岗定责，提出不同的任务和目标。要建立健全“一体双联”工作机制。按照组织设置一体化、人才资源一体化、发展党员工作一体化、服务管理一体化、激励关怀一体化，城镇党组织与农村党组织、城镇党员与农村党员之间结对互帮的要求，全力推进城乡基层党建统筹，努力形成“以城带乡、资源共享、优势互补、协调发展”的基层党建新格局。全面建立党组织与党组织“一帮一”，党员与群众“心连心”，党内与党外“肩并肩”的互帮互助机制。要建立企业党员联系服务群众制度。建立非公企业党员联系群众制度，组织党员开展“献一策、带一徒、攻一关”活动，让党员争当生产模范、争当技术标兵、争当营销能手。建立“党员示范店”创评机制，让党员个体经营户用自己的行动，感染和带动群众个体经营户守法诚信经营。要建立党员人才科技扶农制度。整合农科技人员、乡村“土专家”“田秀才”等教育资源，以村组活动场所、农村党员干部远程教育站点、产业基地、农家课堂为主阵地，对基层党员群众实施大规模实用技能培训，推动困难党员群众脱贫致富。

四是要创新工作方法。要畅通公共服务信息渠道。建立基层党务政务公众服务网，开通“书记信箱”“乡镇长信箱”。通过报纸、公开栏等形式，向群众公开公共服务电话、职责、办事流程等内容。开通社区医疗卫生服务、供水供电、法律援助等公共快速保障专线。要畅通民意诉求表达渠道。建立党员领导干部接待日制度、信访制度和网络舆情监测分析制度，深入开展党员干部大接访大走访活动，采取现场接访、重点走访等形式，广泛听取群众诉求，解决信访突出问题，维护群众的合法权益，促进社会和谐稳定。健全党员代表议事会制度、村级事务“四议两公开”制度、重大事项听证质询制度等民主决策机制。全面推进政务、党务、村务公开工作，设立咨询电话、监督电话和意见箱，凡属涉及群众利益的各部门，都应通过热线电话、博客等渠道向群众公开。在村（社区）普遍建立民情恳谈室，定期组织召开民情恳谈活动，发放征求意见建议问卷，广泛征集居民群众的意见建议，建立群众需求分类档案。要转变服务方式。积极开展“便民服务车”进村入户服务、农忙季节“夜市服务”、上门服务、“民情联系卡”等，尽最大可能地为群众提供快捷、便利的服务。要选定一批乡镇干部为全程代理员，聘请一批村干部为服务联络员，为服务对象在乡镇与村之间实施全方位、全过程的服务，努力确保群众办事“小事不出村、大事不出乡”。

6 党员参加当地封建迷信活动怎么处理？

咨询问题：我们这里的各种宗教活动比较多，其中夹杂着相面、跳神、测风水等封建迷信活动，参加人员的成分也比较复杂。有人举报，我村有一名党员也参与其中，上级现在正要求我们着手调查此事。请问：如果此事查证属实，应该对他怎么处理？

解答：共产党员是工人阶级的有共产主义觉悟的先锋战士，是彻底的唯物主义者，是遵守社会主义精神文明道德规范的模范，不能参加封建迷信活动。对于偶尔在治丧、民间节日搞一些封建迷信活动的，党组织要进行批评教育。搞封建迷信活动扰乱生产、工作、社会生活秩序或骗取财物，丧失了共产党员应有的理想信念和政治立场，其行为严重违反《中国共产党纪律处分条例》。根据该《条例》第 58 条规定，组织迷信活动的，给予撤销党内职务或者留党察看处分；情节严重的，给予开除党籍处分。参加迷信活动，造成不良影响的，给予警告或者严重警告处分；情节较重的，给予撤销党内职务或者留党察看处分；情节严重的，给予开除党籍处分。

但是，对不明真相的参加人员，经批评教育后确有悔改表现的，可以免予处分或者不予处分。

7 转移和接收党员组织关系的凭证有哪些？哪些情况需要转移党员组织关系？

咨询问题：我是一名机关干部，这次根据组织安排，要下到某村进行精准扶贫。听说这次下去，同时要把组织关系也一并转移过去。请问：转移和接收党员组织关系的凭证有哪些？哪些情况需要转移党员组织关系？

解答：根据中共中央组织部《关于印发〈中国共产党流动党员活动证〉和〈中国共产党党员组织关系介绍信〉修订式样的通知》（组通字〔2006〕45 号）等相关规定，目前，党员组织关系的凭证有三种，即《中国共产党党员组织关系介绍信》《中国共产党党员证明信》和《中国共产党流动党员活动证》。

根据《党章》和《关于加强和改进流动党员管理工作的意见》，以及中共中央组织部《关于进一步加强党员组织关系管理的意见》（中组发〔2004〕10 号）等相关规定，党员外出地点或工作单位相对固定，外出时间 6 个月以上的，一般应当开具《中国共产党党员组织关系介绍信》；外出时间 6 个月及 6 个月以内的，一般应当开具《中国共产党党员证明信》。外出地点、时间不确定的，一般应当持有《中国共产党流动党员活动证》。短期外出开会、参观、学习、实习、考察等，时间在 3 个月及 3 个月以内，无需证明党员身份的，可不开具党员组织关系凭证。

8 转移党员组织关系有哪些要求?

咨询问题：我们党支部的组织委员外出参加上级组织的培训，不在位。领导安排我临时负责组织建设工作，并为党员转移开具组织关系介绍信。由于以前没有做过这项神圣的工作，生怕出了差错。请问：转移党员组织关系有哪些要求?

解答：转移党员组织关系，是党组织一项严肃的工作。党员组织关系介绍信是党员政治身份的证明。必须加强对转移党员组织关系的管理，避免在这项工作中出现差错，防止坏人钻空子或伪造组织关系介绍信。根据中共中央组织部《关于转移党员组织关系手续的通知》《关于进一步加强党员组织关系管理的意见》（中组发〔2004〕10号）等相关规定，组织部门开具党员组织关系介绍信要使用统一式样的《中国共产党党员组织关系介绍信》，要用毛笔或钢笔填写，字迹要清楚，不得涂改。应在介绍信和存根上注明有效期。党员组织关系介绍信必须加盖公章，并在介绍信和存根的连接部位加盖骑缝章。介绍信的有效期可根据具体情况确定，一般不应超过3个月。党员组织关系介绍信由党员自己携带，不能自己携带的，应由机要交通或机要邮政转递。

9 转移党员组织关系的权限是怎样规定的?

咨询问题：我受委派要外出学习培训半年，上级通知要同时转移党员组织关系。当我去找党支部的组织委员开具介绍信时，他却告知我：党支部无权开具党员组织关系转移证明。请问：转移党员组织关系的权限是怎样规定的?

解答：根据中共中央组织部《关于进一步加强党员组织关系管

理的意见》(中组发〔2004〕10号）和其他有关文件的规定，在全国范围内可以直接相互转移党员组织关系的党组织是：

（1）县级及县级以上地方各级党委组织部。

（2）省、自治区、直辖市直属机关党（工）委组织部，党委各工作委员会组织部（处），国有资产监督管理委员会党委组织部（处）。

（3）中央直属机关各部门、中央国家机关各部门及中央一级人民团体的机关党委。

（4）国务院国有资产监督管理委员会党委组织部及国务院国有资产监督管理委员会监管的境内企业党委（直属党委）。

（5）中央各金融机构党委组织部及各金融机构的省级分支机构（或派出机构）党委、直属单位党委。

（6）铁道部政治部组织部及铁道部各铁路局党委，部属各公司、各铁路分局及分局级公司党委。

（7）民航总局党委及民航总局直属的各地区管理局、空警总队、企业、事业单位党委。

（8）新疆生产建设兵团党委组织部及兵团各师党委。

（9）中国人民解放军师（旅）或相当于师以上政治部或其组织部门。

另外，中共中央组织部关于转移党员组织关系手续的有关通知中没有规定高等院校、中等专业学校的党委组织部门可以在全国范围内直接转移党员组织关系。高等院校和中等专业学校的组织关系应该根据其归属关系，通过市委组织部或者省委教育工委进行转接。

10 大中专毕业生和复转军人党员组织关系如何转移?

咨询问题：我妹妹是一名大专生，即将毕业，由于表现优秀，在校期间就加入了中国共产党，成为一名光荣的预备党员。我对象是一名现役军人，入伍第2年就入了党，由于受部队改革影响，也准备今年复员回家。请问：像他们这种情况，如何转移党员组织关系？

解答：根据相关规定，大中专毕业生党员组织关系转递的基本原则是：已经分配了工作，落实了工作单位的，应将党员组织关系及时转到所去单位党组织。党员在落实工作单位过程中将人事关系和档案材料等暂时保存在县以上政府人事（劳动）部门所属的人才交流服务机构的，这些机构的党组织如具备条件并经同级地方党委同意，可以接收这部分党员的组织关系，并根据不同情况，组织这些党员过组织生活。对因某些原因，一时还不能落实工作单位的，可将其党员组织关系转移到本人或父母居住地的街道、乡镇党组织。

对退役军人党员，凡落实工作单位的，应及时将组织关系转移到所去单位党组织。若该单位未建立党组织或暂时落实不了工作单位的，应将组织关系转到单位所在地（街道、乡镇）或安置居住地（街道、乡镇）党组织。地方安置部门可以建立接收待安置退役军人党员的临时党组织。临时党组织要组织党员参加组织活动，接收其交纳的党费。待安置退役军人党员到地方安置部门报到后又外出流动的，其管理办法应按照流动党员管理的有关规定办理。对无正当理由在规定期限内未接转组织关系、经教育仍不改正的党员，视为自行脱党，应按有关规定作出处理。

11 哪些情况需要开具党员证明信?

咨询问题：我被外派到县委党校参加一个农村致富带头人短期培训，在报到时，培训班要求我们统一上交党员证明信。弄得我莫名其妙。请问：哪些情况需要开具党员证明信?

解答：党员证明信是党员临时外出参加组织生活的凭证，即党员临时组织关系。党员临时外出、开会、实习、学习、考察等，持党员证明信，证明其党员身份。根据中共中央组织部《关于进一步加强党员组织关系管理的意见》规定，党员外出时间六个月及六个月以内的，一般应当开具党员证明信。持党员证明信的正式党员，其组织关系没有转移，仍在原单位参加党的组织生活、交纳党费和享有表决权、选举权和被选举权。

12 党员组织关系介绍信的有效期怎样确定? 过期的介绍信怎么处理?

咨询问题：前段时间，我们在推进“两学一做”学习教育常态化制度化过程中，对党员发展、党费收缴等工作进行清理时，发现一张有效期为3个月的党组织关系介绍信。有的同志说过期失效，有的说没有失效。请问：党员组织关系介绍信的有效期怎样确定?过期的介绍信怎么处理?

解答：根据相关规定，党员组织关系介绍信的有效期应根据所去单位的路程等实际情况确定，最长一般不应超过3个月。对过期的介绍信，要调查了解，弄清原因，分清责任。对无正当理由，不及时接转组织关系导致过期的，应给予严肃的批评教育；如系经办人员工作不慎造成的，要对有关经办人员进行严肃的批评教育。过期的党员组织关系介绍信作废，由开出的党组织另行补开。如无正当理由超过6个月未接转组织关系的，按自行脱党处理，由其党的组织系所在单位支部大会讨论通过，并报上级党组织批准，予以除名。

13 流动党员是指哪些人？加强和改进流动党员管理工作的主要原则有哪些？

咨询问题：近来，上级反复通知我们，要求进一步加强和改进流动党员的教育管理。请问：流动党员主要指哪些人？加强和改进流动党员管理工作的主要原则有哪些？

解答：根据中共中央办公厅2006年6月28日印发的《关于加强和改进流动党员管理工作的意见》（中办发〔2006〕21号）的规定，流动党员是指离开本单位或居住地党组织外出务工经商或从事其他正当职业，无固定地点或无法转移组织关系的党员；外地或者外单位流入未转移组织关系的党员。它包括辞职、辞退、解除劳动（聘用）合同、外出务工经商、因私出国（境）等人员中党员和尚未落实就业单位的退伍军人、大中专毕业生中的党员，以及其他流动人员中的党员。

根据前述《意见》规定，加强和改进流动党员管理工作的主要原则是：

（1）坚持以流入地党组织为主、流出地和流入地党组织共同管理。构建流出地与流入地党组织密切配合、有机衔接的流动党员管理机制。

（2）坚持区别情况、动态管理。根据流动党员的分布状况、职业特点和居住地点等情况，采取单位管理、行业管理和社区管理等多种方式，努力做到党员流动到哪里，党组织的管理就覆盖到哪里。

(3) 坚持教育、管理与服务相结合。强化服务意识，寓教育、管理于服务之中，增强流动党员的党性观念、组织观念和光荣感、归属感与责任感。

14 流出地党组织和流入地党组织在流动党员管理工作中主要承担哪些管理责任？双方如何搞好配合协调？

咨询问题：近年来，随着国家对美丽农村建设的投入逐步加大，我们乡镇一级也建起了各种产业园，随之而来的就是各地大量涌来的求职及务工人员，其中也包括不少党员。为此，上级专门下发通知，要求流出地党组织和流入地党组织要搞好配合协调，共同抓好流动党员管理工作。请问：流出地党组织和流入地党组织在流动党员管理工作中主要承担哪些管理责任？双方如何搞好配合协调？

解答：加强和改进流动党员管理工作，是党建新形势新任务提出的新要求。根据中共中央办公厅印发的《关于加强和改进流动党员管理工作的意见》，各级党组织必须适应这一形势变化，掌握特点规律，从有利于党组织管理、有利于流动党员发挥作用出发，加强流动党员的教育管理。具体来讲：

流出地党组织应主要做到三点：

(1) 对外出党员进行教育并提出要求，按规定登记发放流动党员活动证。

(2) 通过适当方式与党员继续保持联系，了解党员外出后的思想、工作情况，及时向外出党员通报党组织的重要情况。

（3）党员返回后，认真查验流动党员活动证内记载的有关内容，详细了解党员外出期间的表现。党员外出后不按规定将流动党员活动证交外出所在地党组织，无正当理由连续6个月不参加党的组织生活，或不交纳党费，或不做党所分配的工作的，按党章有关规定办理。

流入地党组织，应主要做到以下三点：

（1）对持有流动党员活动证的外来党员，验证后及时接收并将其编入党支部、党小组，同时报上级党组织备案。不得借各种理由拒绝接收。

（2）安排他们参加党的组织生活和其他党内活动，收缴党费，并分配他们做适当工作。

（3）认真填写流动党员活动证内有关内容。

根据中共中央办公厅印发《关于加强和改进流动党员管理工作的意见》，对农村流动党员，要认真落实城乡一体、流入地党组织管理为主、流出地党组织配合的双向共管责任。流出地党组织要掌握了解外出流动党员情况，主动与流入地党组织沟通，并积极创造条件，在流出党员相对集中地建立党组织；流入地党组织要及时将流动党员纳入本地党员管理范围，给予必要的工作支持。街道社区党组织要切实履行流动党员管理责任。

15 流动党员活动证适用于哪些流动党员？发放流动党员活动证要注意哪些问题？哪些情况不能使用该证？

咨询问题：我们村里刚从上级部门领回了几本《流动党员活动证》，但我不知道哪些人需要使用，哪些情况不能使用，也不知道在发放时需要注意哪些问题？请告诉我，好吗？

解答：根据《关于加强和改进流动党员管理工作的意见》，流动党员活动证是流动党员参加党的活动的凭证，主要适用于外出务工经商，无固定地点，暂时无法转移党员组织关系的党员。党员可持该证在外出所在地（单位）党组织参加党的组织生活，缴纳党费，但不享有表决权、选举权和被选举权。

发放流动党员活动证应注意以下问题：

（1）流动党员活动证由各省、自治区、直辖市党委组织部严格按中央组织部制定的统一式样定点印制。其他任何单位和个人不得自行印制。

（2）流动党员活动证由县级党委组织部门按照《中国共产党基本信息管理系统2005》设定的编码进行统一编号，经流出地基层党委盖章后，由党支部登记发放，详细登记持证外出党员的姓名、所在支部、发证时间、外出原因、流向、外出时间等情况，并报上级党组织备案。

（3）流动党员活动证一般应贴本人近期免冠一寸照片，并由发证的基层党委在照片上加盖印章。特殊情况未贴照片的，应与本人的居民身份证同时使用。

下列情况不能使用流动党员活动证，而应继续执行有关规定：

（1）短期（6个月以内）外出参加会议、学习进修、借调工作、办理公务、休假探亲的党员，仍开具党员证明信。

（2）长期（6个月以外）外出务工经商且有固定地点的党员，应转移正式组织关系。

（3）流动性大，无固定地点，但可以经常返回原所在单位的党员，仍在原单位参加党的组织生活。

（4）集体外出、地点相对集中，且有3名以上党员的，可通过建立党支部（临时党支部）或党小组进行管理。

16 怎样加强对农村流动党员的管理？

咨询问题：我们村是国家特色小镇建设示范村，因此，有不少外地人员跑到我们这里参加农业种植养殖和观光旅游工作，其中也有部分退伍军人、城市“4050”下岗人员中的党员。前段时间，上级调研发现这个问题后，要求加强对这些流动党员的管理教育。由于此前没有相关做法，我们也不太懂。请问：怎样加强对农村流动党员的管理？

解答：从实际情况看，加强农村流动党员队伍管理，可以分四步进行：

首先，要以搞好流动党员活动证的查验工作为基本依托，搞好调查摸底，掌握本地到底有多少流动党员。对这些人要一一见面，建立档案，做到一个流动党员一份档案，一个支部一本总账目。

其次，加强对外来流动党员的经常性教育和管理，将外来流动党员编入党的一个基层组织，组织他们参加党的组织生活。抓住农闲或者春节、元宵节等节假日，通过组织召开茶话会、座谈会以及入户走访等方式，适时开展集中教育，介绍当地发展形势，传达上级文件精神，征求创新发展的意见建议。

再次，加强平时联系，关心他们的生活和工作，为他们的就业、学习和生活提供必要帮助。引导他们关心流出地发展，为流出地党组织、党员群众带信息、传技术。

最后，在流动党员活动证上如实填写党员参加组织生活、交纳党费等情况，及时将外来流动党员的重要情况反馈给流出地党组织。

17 流动党员较为集中的情况下怎么管理？

咨询问题：为了加快地区经济发展，上级部门在我们镇里建了一个食品工业园区，大搞基础设施建设。为了尽快发挥效益，上级部门在工业园区没有完全完工的情况下，边建设边招商引资，招来不少企业入驻园区进行食品生产，同时也有不少建筑工人在园区施工。这些外来务工人员中有不少是外地流动而来的党员。近来，县里要求我们加强对园区流动党员的管理。请问：我们该如何落实这些要求？

解答：这是目前比较普遍的现象。从你反映的情况看，如果工业园区或者所在的企业有党组织的，应当编入党组织进行管理；如果工业园区或者所在的企业没有党组织的，可以就近就便编入所在社区（村）党组织或其他单位党组织，也可依托商会、行业协会等单位的党组织进行管理。在流动党员较为集中的社区（村）、项目工地、商务楼宇和集贸市场等，可专门建立流动党员党组织。

如果存在批量进行劳务输出的情况，你们可以针对流动党员来源相对集中的情况，与流出地党组织及时沟通，要求他们在劳务输出人员中建立流动党组织，或者协商由他们在当地办事机构党组织或委托你们当地的党组织进行管理，待条件成熟后再移交给你们当地的党组织管理和领导。

18 流动党员应参加哪里的党组织选举？

咨询问题：我们是一个股份制的电子生产企业，建有党支部。

由于效益较好，吸引了大量外来人员入厂打工。其中，不乏部分退伍军人党员。近来，他们一些人要求请假回原籍参加当地的党组织换届选举。由于这些人素质比较过硬，大多是管理和业务骨干，临时请假人数太多，势必会影响企业正常生产。请问：流动党员应参加哪里的党组织选举？

解答：流动党员的政治权利保障问题，确实要引起重视。根据《党章》《关于加强和改进流动党员管理工作的意见》等相关规定，在你们企业上班的流动党员中，如果已经办理了正式党员组织关系转移手续，应在你们企业的党组织参加党内选举，享有表决权、选举权和被选举权。

但对于只开具党员证明信和持流动党员活动证外出的流动党员，由于他们没有转移正式组织关系，都应在原所在党组织参加党内选举，行使表决权、选举权和被选举权。

外出党员原所在党组织进行选举时，如果你们企业流动党员较多，存在一旦请假将无法确保企业正常运行等特殊情况，你们可事先与他们原所在的党组织沟通协商，经原所在党组织的党员大会同意，可不计算为应到会人数。这仅仅是一种特殊情况下的权宜之计。正常情况下，还是要保障他们的选举权与被选举权。

19 因私出境和定居的党员，其组织关系如何处理？

咨询问题：我是镇党委办公室的一名工作人员。近期，有两个村党支部呈送两份请示：一名党员要赴香港探望生病的亲戚，一名此前出国给孩子陪读的党员回国后要求继续参加组织生活，请示如何处理。请问：因私出境和定居的党员，其组织关系如何处理？

解答：根据中共中央组织部《关于共产党员因私事出国或去港

澳地区的若干问题的规定》，因私出国、去港澳或自费出国留学的党员出境以后，其组织关系按以下办法处理：

（1）短期请假出国或去港澳探亲办理私事者，他们的党员组织关系，仍保留在原单位（农村党员，保留在公社党委）。

（2）出国或去港澳台长期定居的党员，出境以后即停止党籍，其组织关系和档案材料转到县或相当于县一级的党委组织部门，以保存备查。

（3）党员出境逾期（含续假）二年以上未归者，其组织关系及档案材料转到县或相当于县一级的党委组织部门以保存备查。

（4）经批准出境定居的预备党员，不再办理转正手续，不保留其预备党员资格。

（5）自费出国留学的党员，在学成回国之前，其党组织关系保留在原单位。

（6）党员本人在出国、出境之前提出要求退党的，可按党章规定办理退党手续。

因私出国或去港澳台地区回来后的党员的组织关系的处理：

（1）党员如期回国，应及时向原单位党组织汇报出境期间的情况，党组织也要主动关心了解他们在外的情况，如无问题，即可恢复其党员组织生活。

（2）党员超过假期回国，本人要向党组织申诉理由，经过审查，如理由正当且又无问题者，即可恢复其组织生活。无故超假半年左右，或有一般性错误的党员，可根据具体情况，给予适当的批评教育，在必要时也可给予适当的处分，待本人有了认识时，也可恢复其党员组织生活。

（3）无故超假一年以上回国的党员，一般不能恢复其组织生活，按自行脱党处理。如发现有严重问题者，经审查，如情况属实，要严肃处理，有的还要给予开除党籍的处分。

20 自费出国留学的党员学成回国后其组织生活问题的处理？

咨询问题：我们单位有一名预备党员，在预备党员考察期内自费出国留学，现在学成归来，要求参加党组织生活。请问：这种情况该如何处理？

解答：根据中共中央组织部《关于共产党员因私事出国或去港澳地区的若干问题的规定》，自费出国留学的党员，在其学成回国后，由本人提出恢复其组织生活的申请，经所在单位党委审查，如证明其在国外期间确无问题，可以恢复其党员组织生活。如果是预备党员，其在境外学习期间表现良好，可以按期转正。

21 党员留学期间加入外国国籍，回国后其党籍如何处理？

咨询问题：我们这里有一名党员，五年前其女儿考取了澳大利亚的研究生。三年前，其退休后便赴澳陪读。陪读期间加入该国国籍。党的十九大召开后，他和女儿反复研读了习近平总书记的讲话，感觉祖国的发展大有前途，于是便萌生了回国的念头，并动员其女儿也一同回国效力。请问：类似这种情况，其回国后的党籍该如何处理？

解答：根据中共中央组织部《关于共产党员因私事出国或去港澳地区的若干问题的规定》，加入过外国国籍、经批准恢复中国国籍的曾有党员身份的留学（包括公派和自费留学）回国人员，原则上不能恢复党籍。但回国后表现较好、符合党员条件的，可以重新入党。如有特殊理由，认为可以恢复其党籍者，要由县或相当县一级的党委组织部门审查，报省（自治区、直辖市）党委组织部门批准。

22 经批准恢复组织生活的留学回国人员党员，怎样补交党费？

咨询问题：三年前，我厂外派一名具有党员身份的技术骨干外出留学深造。现在，这名党员学成归国了，经上级研究也恢复了他的党员身份。上午，他主动找到组织委员，要求补交党费。请问：应该如何计算他的党费补交时间及补交标准？

解答：根据相关规定，经批准恢复组织生活的留学（包括公派和自费留学）回国党员，其党龄连续计算并按有关规定补交党费。恢复组织生活前有工作或固定收入的党费补交标准，按同期国内在职职工党员交纳党费的标准执行；无工作或固定收入的党费补交标准，按现行国内学生党员交纳党费的标准执行。

23 党员交纳党费的基本要求是什么？基数和比例是怎样规定的？

咨询问题：根据党支部的计划安排，下周由我进行党课的授课辅导，内容是重点围绕党费交纳问题进行。我是个老党员，交纳党费也挺积极，但平时都是组织委员帮我算好了，我按他计算的数字交纳的。现在，他出差了，我不知道怎么讲好这一课。你能告诉我，党员交纳党费的基本要求、交纳基数和比例等相关规定吗？

解答：根据相关规定，党员交纳党费的基本要求有三条：

一是要自觉。党员交纳党费应当做到自觉、主动，一般应由本人亲自交给党支部或党小组负责收缴党费的同志；

二是要按时。按照党章要求和有关规定，党员交纳党费一般应当按月交纳，不能无故拖延。如遇特殊情况，经党支部同意，可以每季度交纳一次党费。对无正当理由，连续6个月不交纳党费的，按自行脱党处理。

三是要足额。党员交纳党费应当根据个人的实际收入，按照规定的比例和标准交纳，不准隐瞒收入或减少交纳党费基数少交党费。

关于党费交纳的基数和比例，《关于中国共产党党费收缴、使用和管理的规定》对此作了明确规定：

（1）按月领取工资的党员，每月以工资总额中相对固定的、经常性的工资收入（税后）为计算基数，按规定比例交纳党费。工资总额中相对固定的、经常性的工资收入包括：机关工作人员（不含工人）的职务工资、级别工资、津贴补贴；事业单位工作人员的岗位工资、薪级工资、绩效工资、津贴补贴；机关工人的岗位工资、技术等级（职务）工资、津贴补贴；企业人员工资收入中的固定部分（基本工资、岗位工资）和活的部分（奖金）。

（2）党员交纳党费的比例为：每月工资收入（税后）在3000元以下（含3000元）者，交纳月工资收入的0.5%；3000元以上至5000元（含5000元）者，交纳1%；5000元以上至10000元（含10000元）者，交纳1.5%；10000元以上者，交纳2%。

（3）实行年薪制人员中的党员，每月以当月实际领取的薪酬收入为计算基数，参照前两条规定交纳党费。

（4）不按月取得收入的个体经营者等人员中的党员，每月以个人上季度月平均纯收入为计算基数，参照第一条、第二条规定交纳党费。

（5）离退休干部、职工中的党员，每月以实际领取的离退休费总额或养老金总额为计算基数，5000元以下（含5000元）的按

0.5%交纳党费，5000元以上的按1%交纳党费。

（6）农民党员每月交纳党费0.2元—1元。学生党员、下岗失业的党员、依靠抚恤或救济生活的党员、领取当地最低生活保障金的党员，每月交纳党费0.2元。

（7）交纳党费确有困难的党员，经党支部研究，报上一级党委批准后，可以少交或免交党费。

24 在企业工作的党员，如何计算交纳党费的基数？

咨询问题：我们工业园区内陆续入驻了不少企业，人员也大量增加。最近，经县委批准，我们工业园区建立了党组织，但在收缴党费时，出现尴尬。主要原因是，有的企业员工，比如一线员工是按月发放工资的，有的高级管理人员是拿年薪的。在这种情况下，如何计算交纳党费的基数？

解答：目前，由于企业人员工资项目没有统一规定，对同类性质的工资项目在不同的企业叫法也不尽相同，因此，列入党员交纳党费计算基数的收入项目，应当按照是否符合“相对固定的、经常性的工资收入”的原则来确定。

根据多数企业的做法，“固定部分”是指在企业内职工普遍发放的基本工资、岗位（职务）工资、技能工资、岗位（职务）津贴补贴。“活的部分”是指在企业内职工定期普遍发放的奖金和绩效工资。对于只有特殊岗位发放的津贴补贴（如，有突出贡献专家享受的政府特殊津贴，高空、高温作业和有害、有毒等岗位发放的保健类补贴），以及社会保险类补贴、住房补贴、加班补贴、误餐补贴、表彰奖励完成某项工程项目有功人员发放的一次性奖金等，不列入党员交纳党费计算基数。

25 不按月取得收入的党员如何交纳党费？

咨询问题： 我们在核定党员交纳党费时，遇到一个棘手问题，就是有几名党员是自由职业者，他们的收入情况和收入的时间都很不确定，当然也就无法核定他们交纳党费的标准及数额了。请问：类似这种情况该如何解决？

解答： 不按月取得收入的党员是指既不拿年薪也不按月领取薪酬的党员，主要包括：个体工商户、个体经营者、私营企业主、民办非企业单位出资人、自由职业者等人员中的党员。

对不按月取得收入的个体经营者等人员中的党员交纳党费，要按照自觉、主动的原则办理。这些党员能否自觉、主动交纳党费，是衡量他们党员意识和党性强弱的一个重要标志。党员组织关系所在党组织首先要把党员交纳党费的相关规定向党员本人讲清楚，然后，由党员本人主动申报上季度月平均收入，自觉参照《关于中国共产党党费收缴、使用和管理的规定》第2条规定交纳党费。

26 拿年薪的党员如何交纳党费？

咨询问题： 我们所属党支部中，有几名党员属于企业高管，他们平时不领取工资，只是每年年底按企业效益发放年薪。请问：对于这种党员，他们应如何交纳党费？

解答： 对于实行年薪制人员中的党员，每月以当月实际领取的薪酬收入为计算基数，年终兑现绩效薪酬的当月按本月实际领取薪酬的总数为计算基数，交纳党费的比例参照《关于中国共产党党费收缴、使用和管理规定》第2条规定执行。例如：某实行年薪制党员年薪（税后）30万元，其中，基本薪酬为6万元，与绩效挂钩的薪酬为24万元。基本薪酬每月领取5000元，属于月收入3000－5000元的档次，1－11月份应按1%交纳党费，每月交纳党费50元（5000元×1%）；12月份兑现与绩效挂钩那部分薪酬时领取的薪酬和按月领取的薪酬之和为24.5万元，属于月收入10000元以上的档次，应按2%交纳党费，本月需交纳党费4900元（24.5万元×2%）。

27 在农村务农的党员如何交纳党费？

咨询问题：我们在组织开展农村党员党费清缴工作过程中，对农村党员如何交纳党费问题产生了分歧，有的认为没有固定收入，只需交几毛钱就可以了；有的认为应按庄稼收成来平均计算，有的认为应按当地人均收入来计算。大家都有各自的意见和道理。请问：类似这种党员，他们应如何交纳党费？

解答：考虑到不同地区农民收入存在较大的差异，《关于中国共产党党费收缴、使用和管理规定》对农民党员每月交纳党费标准提出0.2元－1元的弹性要求。对农民党员交纳党费的具体标准，由各省、自治区、直辖市党委组织部根据本地农民收入的实际情况确定。

农民党员交纳党费0.2元－1元的规定，主要适用于在农村中从事普通农牧渔业生产的农民党员。对于外出务工经商和承包集体林地、果园、鱼塘等经营项目的农民党员，由本人申报月平均收入，自觉参照《关于中国共产党党费收缴、使用和管理规定》第2条规定交纳党费。

对于领取定额补贴的村干部党员，参照按月领取工资的党员交纳党费的办法交纳党费。

28 流动党员外出期间如何交纳党费?

咨询问题: 我们近期组织党费清缴时，就流动党员的党费交纳问题产生分歧，有人说应该在流入地党组织交，有人说应该在流出地党组织交，也有人说在现在的党组织交。请问：类似这种情况应该怎么办?

解答: 流动党员外出期间交纳党费的标准，对在流入地就业的，参照《关于中国共产党党费收缴、使用和管理的规定》第1条、第2条规定执行；对未就业的流动党员，其中，有固定收入的，仍按其原交纳党费的标准执行，没有固定收入的，按以每月不低于0.2元的标准交纳党费。

流动党员外出期间一般应向流入地党组织交纳党费。由流出地党组织在流入地建立党组织并进行管理的流动党员，外出期间一般应向在流入地建立的党组织交纳党费；由流出地党组织委托流入地党组织管理的流动党员，外出期间一般应向流入地党组织交纳党费。因外出地点变动频繁而未能落实接收组织关系单位的流动党员，可向流出地党组织交纳党费，也可在落实接收组织关系单位后，向流入地党组织补交党费。

对于尚未落实就业去向，按有关规定将党员组织关系保留在原就读学校党组织的学生党员，仍向原就读学校党组织交纳党费，其交纳党费的数额，按在校学生党员交纳党费标准执行。

29 离退休党员如何交纳党费?

咨询问题: 最近，我们单位有一名老党员退休了，工资开始转入社保，由社保中心发放。请问：这种情况怎么交纳党费?

解答： 中共中央组织部《关于中国共产党党费收缴、使用和管理的规定》第5条明确指出："离退休干部、职工中的党员，每月以实际领取的离退休费总额或养老金总额为计算基数，5000元以下（含5000元）者按0.5%交纳党费，5000元以上者按1%交纳党费。"

列入交纳党费计算基数的离退休费总额包括：离退休时计发的基本离退休费和离退休后历次按国家规定增加的基本离休费之和，以及按国家规定发放的离退休人员补贴。离退休人员补贴是指：根据国家关于规范津贴补贴的有关规定，各地各单位离退休人员普遍发放的补贴（相当于在职人员的规范津贴补贴）。对于只有部分离退休人员享受的补贴（不同时期参加革命工作的补贴、离休干部护理费、艰苦边远地区补贴等）、改革性补贴（住房提租补贴、住宅电话补贴、交通补贴等）、伤残人员抚恤金等，不列入交纳党费计算基数。

列入交纳党费计算基数的养老金总额包括：基本养老金（包括基础养老金、过渡性养老金和个人账户养老金）、企业年金和统筹外养老金。

30　受到刑事处罚的党员如何交纳党费？

咨询问题： 我们这里有名党员因长期挪用低保资金，并借机在危房改造中贪污，数罪并罚，被县人民法院依法判处有期徒刑二年六个月，其后被开除党籍。请问：这名党员该如何交纳党费？

解答：《中国共产党纪律处分条例》第33条规定："党员犯罪，有下列情形之一的，应当给予开除党籍处分：（一）因故意犯罪被依法判处刑法规定的主刑（含宣告缓刑）的；（二）被单处或者附加剥夺政治权利的；（三）因过失犯罪，被依法判处三年以上（不含三年）有期徒刑的。因过失犯罪被判处三年以下（含三年）有期徒刑或者被判处管制、拘役的，一般应当开除党籍。对于个别可以不开除党籍的，应当对照处分党员批准权限的规定，报请再上一级党组织批准。”

据此，对已开除党籍的，不再交纳党费；对个别没有开除党籍的，仍应按规定交纳党费。

31 党费可否一次性预交、补交或者由财务部门代扣代缴？

咨询问题：我们单位是私企，每个月月初收缴党费时总有许多人不在位。给这些同事打电话，有的说暂时回不来，等下个月交党费时一起补上，有的让别人替他拿出1000元预交半年的，还有的询问可否由财务部门发工资时代扣代缴。请问：党费可否一次性预交、补交或者由财务部门代扣代缴？

解答：中共中央组织部《关于中国共产党党费收缴、使用和管理的规定》指出：“党员应当增强党员意识，主动按月交纳党费。”2009年4月中共中央组织部组织局编印的《党费工作手册》中又再次强调：“党员交纳党费，一般应当按月交纳，不能无故拖延。”这是因为，按期交纳党费，是党员应尽的义务，是对党员党性的检验，也是党员关心党的事业的一种表现。党员按月交纳党费，不仅可以为党组织提供活动经费，更重要的是可以不忘自己是共产党员的身份和应尽的义务，从而不断增强党员意识和党的组织观念。因此，党员一般应当按照中共中央组织部的要求，坚持按月缴纳党费。

党费应当由党员本人亲自交给党小组或党支部，一般不宜由别人代交。如遇特殊情况，经党支部同意，可以委托其亲属或者其他党员代为交纳。

针对一些党员按月缴纳党费确有困难的实际，中共中央组织部组织局在《党费工作手册》中也同时提出："如遇特殊情况，经党支部同意，可以预交或补交党费，但预交或补交党费的时间一般不得超过六个月。"这里所说的"特殊情况"，主要是指年老体弱和长期生病行动不便，或者是外出时间较长等情况，按月缴纳党费，确实有困难的党员。其他党员应当按照中共中央组织部的要求，按月缴纳党费，不可以数月一次性缴纳。因特殊情况提前预交党费后，如党员收入增加，应当提高交纳党费标准的，在党员下次缴纳党费时应补交差额部分。

党组织应当按照规定收缴党员党费，不得垫交或扣缴党员党费。有些单位党组织负责人觉得有些党员交纳党费数额不大，就采取自己出钱或用公款集中支付的办法替党员垫交党费，或者图省事让财务人员在核发工资时集中扣缴党员党费，这两种情况都不符合党费收缴规定，应当予以纠正。

32 党员少交或者迟交党费，如何处理？

咨询问题：我是乡级党委的组织委员，近期在对所属各单位的党费缴纳情况进行清理清查时，发现个别支部的少数党员存在少交或者迟交党费等情况。请问：这种情况该如何处理？

解答：按规定交纳党费，是做一名党员的起码条件，也是党员应尽的义务。《党章》第1条明确规定，只有"愿意参加党的一个组织并在其中积极工作、执行党的决议和按期交纳党费的"，才"可以申请加入中国共产党"。因此，凡有工资收入的党员应当按规定足额交纳党费。所谓足额，就是根据个人的实际收入，按照规定的基数和比例交纳，不允许少交党费（经党支部研究，报上一级党委批准少交或免交的除外）。党员如果未经党组织同意而少交党费，应当受到严肃的批评教育，并限期改正，经批评教育仍不改正，情节严重的，应给予必要的组织处理。

党的基层组织对不按期交纳党费的党员，要及时给予批评教育。对无正当理由，连续六个月不交纳党费的党员，应当按《党章》第9条“党员如果没有正当理由，连续六个月不参加党的组织生活，或不交纳党费，或不做党所分配的工作，就被认为是自行脱党。支部大会应当决定把这样的党员除名，并报上级党组织批准”规定作出处理。具体来讲，就是所在支部委员会要认真调查研究，查清真正原因，如实提交支部大会讨论，并允许本人申辩。经讨论，如认为属于自动脱党者，应当决定予以除名，并将支部大会的决议报上级党组织批准。

33 党员自愿一次性多交纳1000元以上党费如何处理?

咨询问题：前几天，我们支部有名老红军党员去世，遗书上写明要将银行存款中剩余的2万元作为最后的党费交给组织。请问：党员自愿一次性多交纳党费如何处理?

解答：党员自愿一次性多交纳1000元以上的党费，是指党员按规定比例或标准交纳党费后又交纳1000元及以上额度的党费，根据中共中央组织部《关于中国共产党党费收缴、使用和管理的规定》，多交纳的党费全部上缴中央。具体可以这样处理：由所在基层党委代收，并提供该党员的简要情况，通过省、自治区、直辖市党委组织部，中央直属机关工委、中央国家机关工委组织部，国务院国资委党委，中央各金融机构党委组织部，铁道部政治部、国家民航总局党委组织部，解放军总政治部组织部转交中央组织部。中央组织部给本人出具有纪念性质的收据。

考虑到个人直接汇款给中央组织部无法核实其党员身份等因素，凡个人通过邮局汇款的方式直接向中央组织部交纳1000元以上党费的，中央组织部不予领取汇款，也不开具收据。

34 基层党组织收缴党费应注意哪些问题?

咨询问题：我今年刚加入党组织不久。前几天，我们党小组长患急性阑尾炎住院，村党支部安排我临时担任党小组长并负责党费收缴工作。由于此前对这项工作一窍不通，请问，在收缴党费时应注意哪些问题?

解答：基层党组织的组织委员或党小组长，在收缴下级党组织或党员的党费时，应当注意以下几个问题：

（1）准确核定党员交纳党费的计算基数和数额。要认真区分每一名党员的收入构成，不能图省事、嫌麻烦，笼而统之。

（2）党费的收缴必须公开、透明。收缴党员个人党费必须认真登记，作为党员个人交纳党费的凭证。党支部应当每年至少向党员公布一次党费收缴情况，接受党员的监督。

（3）手续必须完备。党小组长、组织委员和专兼职党费管理人员等党费收缴人员，在党费收缴的往来票据上，按规定要由收款人、经手人签字，立卷存档，以备查询；收缴党费要做到账账相符、账款相符。

35 下级党组织上缴党费时应注意哪些问题?

咨询问题：我是通过“公考”进入乡党政办公室工作的大学生党员。前几天党委组织委员调走后出现空缺，领导安排我将收缴的党费在5日内上缴县委组织部。由于此前未参与过此项工作，请问，我们在上缴党费时应注意哪些问题？

解答：根据相关规定，上缴党费时要注意两个方面的问题：

一是党员交纳党费数要准确。下级党组织向上级党组织上缴的党费数是按党员交纳党费总数的一定比例计算的。党员交纳党费总数，应当是本级党组织在没有留存之前党员实际交纳党费的总额。

二是上下级党组织之间，下拨与上缴的党费不能冲销。即应该上缴的党费必须足额上缴，党组织活动经费紧张、确需上级党组织支持的，可以申请党费支持，但不能用上级党组织下拨的党费冲销应当上缴的党费。

36 党费应存入哪些银行？能否用于投资理财？

咨询问题：我们开发区新成立了一个党委，属于县委管辖。最近，我们收缴了一批党费，在对这批党费的管理使用上出现了不同意见，有的认为在上缴之前应存在银行里；有的认为在上缴之前可以用来进行短期投资理财，为单位创收。请问：党费应存入哪些银行？能否用于投资？

解答：根据中共中央组织部办公厅、中国人民银行办公厅联合下发的《关于党费账户继续单独设立的通知》（组电明字〔2006〕26号）规定，各级党组织将党费存入银行时，应当单独设立党费专用存款账户，不得同其他费用混在一起，不得按其他款项存入银行。开立党费专用存款账户时，应当向银行出具单位按《人民币银行结算账户管理办法》（中国人民银行令〔2003〕第5号）及其实施细则规定开立专用存款账户的证明文件。党费账户的名称为党的组织机构名称（如，中国共产党×××委员会，中国共产党×××委员会组织部等)，预留银行签章应与账户名称一致。各地各单位党组织的公章有用全称的，也有用简称的，均可作为党费账户的名称。

根据中共中央组织部《关于中国共产党党费收缴、使用和管理的规定》第24条规定，党费应当存入中国工商银行、中国农业银行、中国银行、中国建设银行、交通银行、中国邮政储蓄银行，不得存入其他银行或者非银行金融机构。对于暂时没有上述银行储蓄网点的乡镇，可以暂时存入农村信用社，待本地有上述银行储蓄网点时再将党费改存上述国有或国有控股银行。党费利息是党费收入的一部分，不得挪作他用。依法保障党费安全，不得利用党费账户从事经济活动，不得以任何理由将党费用于购买国债以外的投资。

37 怎样正确把握党费的使用范围?

咨询问题：最近，上级下拨给我们一批党费。在讨论如何合理使用这笔党费的问题时，我们党支部有不同意见。有的认为党费主要用于跟党的建设有关的方面，不能用于其他方面；有的认为党领导一切，在党领导的范围内合理使用即可；还有的认为，上级下拨的党费只能使用在困难党员救助、党员教育与党的会议等方面。请问：怎样正确把握党费的使用范围?

解答：根据中共中央组织部《关于中国共产党党费收缴、使用和管理的规定》第19条规定，党费必须用于党的活动，主要作为党员教育经费的补充，其具体使用范围包括：

（1）培训党员。主要用于对广大党员进行政治理论、实用技术等方面的培训，以及开展主题实践教育活动所发生的费用，在实际工作中，应着眼于使一个单位、一级党组织范围内的大多数党员或某一类别的党员普遍受益。

(2) 订阅或购买用于开展党员教育的报刊、资料、音像制品和设备。必须是直接用于订阅和购买以党员教育为主要目的的报刊、资料、音像制品和设备，对于冒用党员教育工作的开支不能使用党费。

(3) 表彰先进基层党组织、优秀共产党员和优秀党务工作者。包括购买或制作奖状、荣誉证书、奖牌、奖章、奖品的费用，表彰大会会议资料的印制费用、会议室和交通工具的租赁费用等，也包括必要的现金奖励费用。表彰应以精神鼓励为主，不提倡过高的物质奖励。

(4) 补助生活困难的党员。包括用于对老党员的定期生活补贴、对生活困难党员的一次性生活补助，以及对老党员、生活困难党员发放慰问物品的费用。

(5) 补助遭受严重自然灾害的党员和修缮因灾受损的基层党员教育设施。包括用于直接发放慰问金、救灾物资给受灾党员，修缮基层党组织因灾受损的活动场所、电教设备等教育设施的费用。

使用党费必须符合以上五项规定，不能随意扩大党费使用范围，不符合规定的一律不得开支。需要指出的是，党费仅仅是党员教育经费的补充，完全靠党费来开展党员教育工作是远远不够的，因此，即使是符合使用范围的开支项目，也不能完全依赖于党费开支。

38 党支部多长时间应公布一次党费收缴和使用情况?

咨询问题：最近，上级在检查我们所在党支部党组织建设情况时，指出了“党费收缴使用公布不及时”等问题。请问：党支部多长时间应公布一次党费收缴和使用情况?

解答：定期公布党费收缴和使用情况，既能提高党员交纳党费的积极性，还能及早发现、消除党费收缴和使用工作中出现的差错和问题。根据中共中央组织部《关于中国共产党党费收缴、使用和管理的规定》第26条规定，党支部应当每年至少向党员公布一次党费收缴和使用情况。具体可由党支部书记在党员大会上向全体党员进行公布，并在会议室或其他显著位置张贴上墙，接受党员监督。

39 乡镇企业党组织活动经费不足怎么办?

咨询问题：近日，某乡镇企业党组织向负责管理的上级党委打了份报告，说是由于企业党组织本级留用的组织活动经费不足，在一定程度上影响和制约了党组织建设和各项活动的正常开展，申请上级拨付部分。请问：遇到这种情况应如何处理?

解答：为适应企业领导体制改革、转变企业党组织职能的新情况，保证企业党组织正常地开展活动，中共中央组织部、财政部专门联合下发《关于企业党组织活动经费问题的通知》，明确指出：

（1）企业党组织活动经费（包括召开党内会议，进行党内宣传教育活动和组织活动，培训党员和申请入党的积极分子，开展表彰优秀党员和先进党支部活动等费用），应按照中央组织部关于党费用途的规定，先由留用的党费中开支，不足部分从企业管理费中解决。

（2）党组织活动经费中从企业管理费列支的部分，每年初由企业党委（总支、支部）根据工作需要和节约的原则编制年度预算，列入企业财务计划。在计划范围内，日常开支由党委书记审批，财务部门报销。

（3）遇有特殊情况需追加经费时，应经党委会议讨论，向财务部门提出，由厂长决定。

40 非公有制经济组织中党组织的活动经费怎么解决?

咨询问题: 自从上级加大对外宣传和招商引资力度后,我们工业园区里进驻了许多非公有制企业。根据上级要求和企业实际,我们指导工业园区陆续建立健全了企业党团组织。但现在存在的一个普遍现象就是,在非公有制企业的逐利模式牵引下,这些党团组织都不同程度地存在活动经费受限等问题。请问:类似问题如何解决?

解答: 为进一步提高非公有制企业党建工作水平,保证企业党组织活动有经费、服务有条件,关于非公有制企业党组织活动经费问题,中共中央组织部、国家财政部和国家税务总局根据我国《公司法》和有关规定,于2014年12月5日联合下发《关于非公有制企业党组织工作经费问题的通知》(组通字〔2014〕42号),就非公有制企业党组织工作经费问题提出明确要求:

(1)非公有制企业党组织工作经费主要通过纳入管理费用、党费拨返、财政支持等渠道予以解决。同时,鼓励采取企业赞助、党员自愿捐助等方式,拓宽经费来源。

(2)根据《中华人民共和国公司法》"公司应当为党组织的活动提供必要条件"规定和中办发〔2012〕11号文件"建立并落实税前列支制度"等要求,非公有制企业党组织工作经费纳入企业管理费列支,不超过职工年度工资薪金总额1%的部分,可以据实在企业所得税前扣除。

(3)非公有制企业党组织工作经费仍然不足的,上级党组织要从留存的党费中适当拨补。党员交纳的党费,可根据企业规模、党员数量等具体情况,全额或大部分返拨给企业党组织,用于开展党的活动。

（4）有条件的地方，可借鉴北京、吉林、广东等地做法，采取专项列支等办法，对非公有制企业党建工作给予必要的经费支持。

41 处理党员违纪案件有哪些基本要求?

咨询问题：最近，我们单位有一名党员因违纪违规，上级责成我们依法处理并上报处理意见。我们党委成立了专门的调查组，我是成员之一。由于是第一次参加这种工作组，心里没底。请问：处理党员违纪案件有哪些基本要求?

解答：根据《党章》《中国共产党纪律处分条例》等相关规定，处理党员违纪案件基本要求有五点：一是要事实清楚，二是要证据确凿，三是要定性准确，四是要处理恰当，五是要手续完备。

所谓事实清楚，是指对违纪案件的事实，在发生的时间、地点、情节，有关人员的责任，主客观原因和后果等方面要调查核实清楚，而且表述必须真实、具体、准确、完整；

所谓证据确凿，是指对违纪案件的主要错误情节，都有确实、充分的证据加以认定，包括证人证言、电子邮件、微信、电话等各种证据之间能相互印证主要违纪事实，没有矛盾和疑问；

所谓定性准确，是指对违纪案件性质的认定，完全符合党的路线、方针、政策，完全符合国家的法律、法规和党纪、政纪处分条规规定的精神；

所谓处理恰当，是指根据违纪案件的错误事实和性质、情节及危害程度，依照党和国家的政策以及党纪政纪处分条规，给予违纪者恰当的党纪政纪处分，或其他处理结果；

所谓手续完备，是指对违纪案件的处理，在手续上完全符合办理案件程序法规所规定的程序，比如，该当事人签字的要签字，该捺指纹的要捺指纹，该送达的要送达，该集体研究的要集体研究，等等。

42 如何理解对党员的纪律处分项目?

咨询问题： 近期学习《党章》和《中国共产党纪律处分条例》，里面涉及对党员的五种纪律处分内容。能否详细讲解一下，以便我们加深理解?

解答： 根据《党章》第41条、《中国共产党纪律处分条例》第7条规定，对党员的纪律处分有五种，分别是警告、严重警告、撤销党内职务、留党察看、开除党籍。

（1）警告。警告是党内五种纪律处分中最轻的处分。一般对在工作上由于经验不足，或一时疏忽偶尔违反党的纪律的，或对错误虽属于思想品质方面，但错误性质和造成的后果不严重的，给予这种处分。受到警告处分的党员，仍有表决权、选举权和被选举权，但一年内不得在党内提升职务和向党外组织推荐担任高于原任职务的党外职务。

（2）严重警告。严重警告是党内五种处分中的轻处分，但比警告处分要重。一般指党员所犯错误性质和程度比警告处分严重，但构不成撤销党内职务（或无党内职务又构不成留党察看）处分，给予严重警告处分。受到严重警告处分的党员，仍有表决权、选举权和被选举权，但一年内不得在党内提升职务和向党外组织推荐担任高于原任职务的党外职务。

（3）撤销党内职务。撤销党内职务是指撤销党员在党内经过选举或由党组织任命而担任的党的各级组织及其工作部门中的领导职务。给予撤销党内职务处分，适用于错误的性质、程度、后果和影响已不适宜继续担任党的领导职务，但又不构成留党察看处分的党员。对于在党内担任两个以上领导职务的，党组织在作处分决定时，应当明确撤销其一切职务还是某个职务。如果决定撤销某个职务，则必须从其担任的最高职务开始依次撤销。对于在党外组织担任领导职务的，可以建议党外组织撤销其党外职务。受到撤销党内职务处分的党员，在受处分后两年内，不得在党内担任和向党外组织推荐担任与其原任职务相当或者高于原任的职务。对于应当受到撤销党内职务处分，但是本人没有担任党内职务的，一般给予其严重警告处分，并可以建议党外组织撤销其党外职务。

（4）留党察看。留党察看是党的纪律处分中仅低于开除党籍的一种重处分。留党察看处分，分为留党察看一年、留党察看二年。对于受到留党察看处分一年的党员，可以视其具体表现情况，再延长一年留党察看期限。留党察看期限最长不得超过二年。

受到留党察看处分的党员，在留党察看期间，没有表决权、选举权和被选举权。留党察看期间，确已改正错误的，期满后按期恢复其党员的权利；坚持错误不改的，开除其党籍；又犯有其他应受党纪处分的错误的，也应当开除党籍。

受到留党察看处分的党员，党内职务自然撤销。对于在党外组织担任领导职务的，应当建议党外组织撤销其党外职务。受到留党察看处分的党员，恢复党员权利后二年内，不得在党内担任和向党外组织推荐担任与其原任职务相当或者高于原任的职务。

（5）开除党籍。开除党籍是党内最重的纪律处分。主要是对那些犯了严重错误，造成很坏影响，给党的工作带来重大损失，严重损害了国家和人民利益的党员，或者对犯了错误拒不改正，拒绝党组织的批评教育，已丧失了党性和党的立场，背离了党的路线、方针、政策的党员的处分。各级党组织在决定或批准开除党籍的时候，应当全面研究有关的材料和意见，采取十分慎重的态度。受到开除党籍处分的，五年内不得重新入党。另有规定不准重新入党的，按照有关规定执行。

43 对犯错误的党组织如何处理？

咨询问题： 前面学习了对党员的纪律处分内容。我想知道的是，如果某个级别的党组织集体犯了错误，该怎么处理呢？

解答：《中国共产党纪律处分条例》第 8 条明确规定对党组织的纪律处分分为改组和解散两类。对于严重违犯党的纪律、本身又不能纠正的党组织，上一级党的委员会在查明核实后，可以根据情节严重的程度，作出进行改组或予以解散的决定，并报再上一级党的委员会审查批准，正式宣布执行。受到改组处分的党组织领导机构中的成员，除应当受到撤销党内职务以上（含撤销党内职务）处分者外，均作为自然免职，由上级党组织任命或者由相应的党员大会、党员代表大会选举新的领导机构成员。受到解散处分的党组织中的党员，应当逐个审查，履行重新登记手续。错误严重，丧失共产党员条件的，开除党籍；不起党员作用，不符合共产党员条件的，不予登记，宣布除名；符合共产党员条件的，应当予以重新登记，对其中犯有错误的，还应当根据其错误性质、情节给予处分。

44 党内撤职和免职有何区别？

咨询问题： 近期，上级下发通报，对几名“雁过拔毛式”的违纪党员进行了严肃处理，其中有 2 人被撤销党内职务，不再担任党支部副书记职务，另 1 人被免职，免去党支部书记职务，其他几人也分别受到警告、严重警告和记过等处分。请问：党内撤职和免职有何区别？

解答：根据相关规定，撤职和免职是有原则区别的。撤职，是对于违犯党的纪律的党员的一种纪律处分。免职则属于干部任用的一种制度，不是纪律处分。在某些情况下，有的党员犯了错误受到处分后，党的组织免去其现任职务，这是正常干部任免，不能视为纪律处分。

45 违纪党员领导干部在审查期间被免职后，还能否再给予撤销党内职务处分？

咨询问题：我镇有一名党员领导干部，原来分管某方面的工作，后被人举报，上级经过初步调查后发现存在部分违纪事实，经研究将其免职，继续进行审查。请问：如果此人的违纪违规事实存在，此后是否还需要再给予撤销党内职务的处分？

解答：根据中纪委2001年4月26日给新疆维吾尔自治区党委纪委《关于违纪党员领导干部在组织调查期间被免职后，还能否给予其撤销党内职务处分的请示》的批复精神：

党组织对违纪党员领导干部进行调查期间，如果该党员领导干部因查处其问题被免去职务的，案件查清后，该党员领导干部确实犯有严重错误，依照《中国共产党纪律处分条例（试行）》的规定应当给予撤销党内职务处分的，仍然应当按其原任职务给予撤销党内职务处分，而不应给予严重警告处分。

根据违纪事实，应当给予违纪党员撤销党内职务处分，但在党组织查处其问题前，该党员领导干部因其他原因被免去党内职务的，若其还有行政职务，可给予其严重警告处分，同时建议撤销其行政职务；如果在查处其问题前，该党员领导干部因其他原因被免去党内职务且没有行政职务的，可给予其严重警告处分，同时应当作出降低其职级的决定。

46 怎样理解和执行留党察看处分？

咨询问题：我单位一名党员干部因严重违纪，被立案审查。审查结案后，在讨论对其的处分决定时，有的同志建议给予留党察看一年的处分，有的同志认为其违纪情节比较严重，影响较坏，建议给予留党察看二年的处分。请问：在执行留党察看纪律处分时应注意哪些问题？

解答：依照相关规定，在执行留党察看处分时应注意：

（1）留党察看处分分为留党察看一年和留党察看二年，但最长不超过两年。党员在留党察看期间，在党内没有表决权、选举权和被选举权，但党章规定的其他党员权利仍然保留。党员经过留党察看，确已改正错误的，应当按期恢复其党员权利，留党察看期间的党龄予以保留；坚持错误不改或者又发现其他应受党纪处分的违纪行为的，应当开除其党籍。对于受到留党察看一年处分，期满后还不能恢复党员权利，但又没有完全丧失党员条件的，可以延长留党察看一年，到期仍不符合恢复党员条件的，应当开除其党籍。

（2）留党察看是比撤销党内职务更重的一种处分。党员在受留党察看处分后其党内职务自然撤销，无须另外再给予撤销党内职务处分，也不能再担任新的党内职务。对于担任党外职务的，应当建议党外组织撤销其党外职务。

（3）受到留党察看处分的党员，恢复党员权利后二年内，不得在党内担任或者向党外组织推荐担任与其原任职务相当或者高于其原职务的职务。恢复党员权利两年后，可以按规定晋升职务。

(4) 给予违纪党员留党察看处分，应同时按规定降低其待遇。

(5) 党员受留党察看处分的当年，参加年度考核，确定为不称职，受留党察看一年处分的第二年，参加年度考核，只写评语不确定等次；受留党察看二年处分的，第二年和第三年参加年度考核，只写评语不确定等次。

(6) 二年处分影响期满，晋升工资档次、级别不再受原处分的影响，可以依据“累计两年被确定为称职以上等次的，在所定级别对应工资标准内晋升一个工资档次”“累计五年被确定为称职以上等次的，在所任职务对应级别范围内晋升一个级别”等规定晋升工资。

(7) 从受处分的次月起停发月度奖金，直至年度考核确定为称职后的下一年度起恢复发放。

(8) 受处分当年及本年度不进行考核、参加考核不定等次或考核结果为不称职的不发放效能奖金。

47 党员在留党察看期间又违犯党的纪律，应怎么处理？

咨询问题：我们单位下属党支部有一名党员干部因违纪情节较重，受到留党察看处分。但在处分期内，又有人反映他存在违反纪律的情况。请问：类似这种情况该如何处理？

解答：根据《党章》第 41 条、《中国共产党纪律处分条例》第 11 条等相关规定，党员在留党察看期间，坚持不改或者又发现其他应当受党纪处分的违纪行为的，应当开除党籍，不能再给予其他党纪处分。

至于犯了一般性的错误，经过教育，诚恳地认识错误并决心改正的，在其他方面还没有完全丧失党员条件的，对其错误可作为察看期间的表现，到察看期满时全面考虑，一并处理。对于原受到留党察看一年处分，在留党察看期间又违犯了党的纪律，但情节轻微，尚未构成党纪处分，本人认错态度较好的，可以延长留党察看一年。

48 哪些情况下给予开除党籍处分？受此处分的人重新申请入党怎么办？

咨询问题：三年前，我们单位有名党员因严重违纪被开除党籍，其一气之下也辞去公职去了南方打工。在打工期间，他抓住机会淘得第一桶金，然后与人合作创业，现在成了一家电子商务公司的法定代表人。后来，他在回乡投资时，向户口所在地的党支部递交了要求重新入党的申请。请问，什么情况下可以给予开除党籍处分？被开除党籍的人重新申请入党怎么办？

解答：开除党籍是党内的最高处分。对那些严重触犯刑律或犯了严重错误，造成很坏影响，给党的工作带来重大损失，严重损害了国家和人民利益，丧失了党员条件的党员，或者犯了错误拒不改正，拒绝党组织的批评教育，已丧失了党性和党的立场，背离了党的路线、方针、政策的党员，应开除其党籍。各级党组织在决定或批准开除党员党籍的时候，应当全面研究有关的材料和意见，采取十分慎重的态度。根据《中国共产党纪律处分条例》第 12 条规定，受到开除党籍处分的，5 年内不得重新入党。另有规定不准重新入党的，按照有关规定执行。

49 党员受处分的时间应从何时起算？

咨询问题： 近期，我们在研究一名受处分党员的任免问题时，对其受处分的时间问题产生了分歧，有的同志认为党员受处分的时间从党组织研究之日起算，有的认为从上级批复之日起算，有的认为从宣布之日起算。请问：党员受处分的时间应从何时起算？

解答： 根据《党章》第 42 条规定："对党员的纪律处分，必须经过支部大会讨论决定，报党的基层委员会批准；如果涉及的问题比较重要或复杂，或给党员以开除党籍的处分，应分别不同情况，报县级或县级以上党的纪律检查委员会审查批准。"中纪委也规定，对党员的纪律处分，必须经上级党委或纪委批准方能生效。因此，党员受处分的时间，应从上级党委或纪委批准之日算起。延长留党察看时间的，应从原留党察看期满的时间算起。

50 党纪处分的程序是什么？

咨询问题： 我是某乡镇机关的一名工作人员。昨天，下属某党支部上报一份对违纪党员进行党纪处分的报告。党委安排我来负责处理此事项工作。请问：给予违犯党的纪律的党员以党纪处分的程序是什么？

解答： 根据《党的纪律检查机关案件审理工作条例》《中共中央纪律检查委员会关于审理党员违纪案件工作程序的规定》等相关规定，给予违犯党的纪律的党员以党的纪律处分的程序为：

（1）对违犯纪律的党员所犯的错误事实进行认真核对调查，写出调查报告，并同党员本人进行谈话，听取他对错误事实的说明和申辩。

（2）除特殊情况可由县级和县级以上各级党委和纪律检查委员会直接作出处理决定外，一般都必须经过党员大会讨论决定，并按照处分党员的批准权限的规定，逐级报上级党组织批准。党员大会讨论对党员的处分时，应通知受处分的党员出席会议。允许本人申辩，也允许别人替他辩护。

（3）党员大会通过处分决定后，应将处分决定和所依据的事实材料同本人见面，并让他在处分决定上签署意见，然后上报。

（4）给予撤销党内职务以上的处分以及本人对处分有意见的，批准处分的党组织在审理过程中，应派人或委托下级纪委同受处分人谈话，听取本人对所认定的错误事实与定性处理的意见，同时对他进行必要的教育。

（5）上级党组织批准对党员的处分决定，必须经集体讨论决定。决定后应正式下达批复。处分决定下达后，下级党组织应在适当范围内宣布，并通知犯错误的党员。

对犯错误的党员需要给予党纪政纪双重处分的，对政纪处分，党委可以提出建议，由人事部门按国务院有关规定办理审批手续。

51 一人有两种以上违纪行为怎么处理?

咨询问题：近日，我们在对某名违纪党员的违纪事实进行调查核实时，发现其还有另外一些违纪行为。请问，类似这种情况应该怎么处理?

解答：根据《中国共产党纪律处分条例》第 23 条、24 条之规定，一人有条例规定的两种以上（含两种）应当受到党纪处分的违纪行为，应当合并处理，按其数种违纪行为中应受到的最高处分加重一档给予处分；如果其中一种错误应受到开除党籍处分的，即给予开除党籍处分。如果一个违纪行为同时触犯条例两个以上（含两个）条款的，依照处分较重的条款定性处理。

52 处分违纪党员的批准权限是怎么规定的？

咨询问题：近期，我们陆续收到下级党组织呈报的对所属单位违纪党员进行纪律处分的相关请示。请问：对违纪党员的批准处分权限是怎么规定的？

解答：根据《党章》第42条规定，对党员的纪律处分，必须经过支部大会讨论决定，报党的基层委员会批准；如果涉及的问题比较重要或复杂，或给党员以开除党籍的处分，应分别不同情况，报县级或县级以上党的纪律检查委员会审查批准。如果涉及的问题比较复杂或者重要，或者给党员开除党籍处分，则须区别不同情况，由所在基层委员会报县级或县级以上党委或者纪委批准；党员干部需要给予党纪处分的，除按隶属关系由所在支部作出决定外，还必须按照批准权限，报管理这一级干部的党委或同级纪委批准。在特殊情况下，县级和县级以上各级党的委员会和纪律检查委员会有权直接决定给党员以纪律处分。

53 改变或者撤销对党员的处分决定，应怎样履行批准手续？

咨询问题：前几年，单位的某党员被人举报赌博而受到严重警告处分。处分决定公布后，他拒不承认，一直申诉。近期，上级经过复查，发现处理过重，要求予以改变。请问：我们应怎样履行批准手续？

解答：根据中纪委《关于处分违犯党纪的党员批准权限的具体规定》第6条规定，对党员和党的组织的处分，如有不当需要改变，或者处分错了，需要撤销的，由原决定和批准处分的组织办理。在改变或撤销对党员的处分时，如原决定和批准处分的组织已撤销，由本人现在的组织办理。

54 对触犯刑法的党员进行党纪处分应在何时进行？

咨询问题：我们单位有名党员，因酒后驾车发生交通事故，构成交通肇事罪，已被逮捕。党委决定给予其相关纪律处分。请问：对触犯刑法的党员进行党纪处分应在何时进行？

解答：法律面前，人人平等。共产党员违反了《刑法》，需要逮捕、起诉和审判的，司法机关有权按照法律规定的程序独立行事，而不必刻意等到党内处分之后才去着手司法处理。对触犯刑法的党员进行党纪处理，可以在公安、检察机关逮捕、起诉之前（如犯罪事实已经调查核实清楚），也可以在人民法院判决之后。这要根据案件性质和什么时候处理有利来决定，并没有统一规定。《中国共产党纪律处分条例》第34条规定：“党员依法受到刑事责任追究的，党组织应当根据司法机关的生效判决、裁定、决定及其认定的事实、性质和情节，依照本条例规定给予党纪处分或者组织处理。”为了稳妥起见，根据这项规定，通常在法院判决生效之后进行。因此，党组织要与有关司法部门密切联系沟通，互通情况，以利及时作出正确决定。具体应受何种党纪处分，应按照《中国共产党纪律处分条例》的有关规定执行。

55 对于严重违犯党纪的党组织领导机构和多数党员严重违犯党纪的党组织怎么处理？

咨询问题：近期，我们查处了某基层党组织集体变通执行上级决策指示，给国家和人民财产造成严重损失，给党的建设造成重大失误的违纪违规事件。主要原因是该单位班子成员为了规避个体责任而以集体名义作出了违规决策，导致问题发生。请问：类似这种情况，应如何处理？

解答：根据《党章》第44条之规定，党组织如果在维护党的纪律方面失职，必须受到追究。对于严重违犯党的纪律、本身又不能纠正的党组织，上一级党的委员会在查明核实后，应根据情节严重的程度，作出进行改组或予以解散的决定，并报再上一级党的委员会审查批准，正式宣布执行。根据《中国共产党纪律处分条例》第8条、第14条和第15条的规定，对于严重违犯党纪、本身又不能纠正的党组织领导机构，应当予以改组。受到改组处分的党组织领导机构成员，除应当受到撤销党内职务以上（含撤销党内职务）处分的外，均自然免职。对于全体或者多数党员严重违犯党纪的党组织，应当予以解散。对于受到解散处理的党组织中的党员，应当逐个审查。其中，符合党员条件的，应当重新登记，并参加新的组织过党的生活；不符合党员条件的，应当对其进行教育、限期改正，经教育仍无转变的，予以劝退或者除名；有违纪行为的，依照规定予以追究。

比如，某村党支部在工作中严重违犯了党的纪律，造成了严重的后果，已经不能正常工作，需要进行改组或解散，就应由乡镇党委查明核实情况后，作出处理决定，然后报县级党委审查批准。

56 哪些情形应开除党籍？哪些情形应清除出党？两者有何区别？

咨询问题：我们前几天在学习党史时，发现在革命年代曾有人被清除出党，也有人被开除党籍，但结合最近几年的反腐工作，却发现仅有开除党籍的情况，而没有被清除出党的情况。请问：哪些情形应开除党籍？哪些情形应清除出党？两者有何区别？

解答：根据《党章》《中国共产党纪律处分条例》相关规定，对那些严重触犯刑律或者犯了严重错误，造成很坏影响，给党的工作带来重大损失，严重损害了国家和人民利益，丧失了党员条件的党员，或者犯了错误拒不改正，拒绝党组织的批评教育，已丧失了党性和党的立场，背离了党的路线、方针、政策的党员，应开除党籍。开除党籍是党内最高的纪律处分。

所谓“严重触犯刑律”，是指因故意犯罪被依法判处《中华人民共和国刑法》规定的主刑（含宣告缓刑），单处或者附加剥夺政治权利，以及因过失犯罪，被依法判处三年以上（不含三年）有期徒刑等情形之一。

清除出党，主要适用于混入党内的叛徒、特务、反革命分子、党内腐败分子等。

清除出党与开除党籍都是为了严肃党的纪律，纯洁党的组织，从这一点来说，二者没有本质的区别。但二者之间又有一定区别：一是被处理对象的错误和问题的性质不同；二是清除出党的人，不得重新入党，而犯了严重错误被开除党籍的人，经过长期考验，已经改正错误，本人提出重新入党申请，经党组织严格审查，对符合党员条件的，五年以后可以重新入党。

57 党员要求退党，如何对待？能否通过大众传媒等方式向社会公开？

咨询问题：下属某单位一名党员因平时要求不严，在民主评议中被评为不合格，思想包袱很重，后经别人怂恿，便要求退党。党组织指派专人同其谈话，但收效甚微。该党员扬言，如果组织不同意其退党，就准备通过论坛和微信等方式公开宣布此事。请问：此事如何处理比较好？

解答：《党章》第9条规定："党员有退党的自由。"党员提出退党，党组织首先应弄清党员提出退党的原因，然后按以下原则区别对待：

（1）党员如果改变了自己的信仰或理想信念动摇，或不愿接受党组织的监督和党的纪律约束，或由于其他原因不愿做共产党员而要求退党的，党组织应予同意，不要强行挽留。

（2）对那些缺乏革命意志，不履行党员义务，消极落后，不符合党员条件的党员要求退党，党组织应当及时作出同意退党的决定。

（3）对某些问题有模糊认识或有一般错误思想的党员提出退党，应当进行严肃的批评教育，帮助他端正思想，提高认识。经批评教育，自动撤回退党申请的，应予鼓励。

（4）对于平时表现好，只因对某些问题想不通，一时冲动，或因年老多病怕拖累党组织而提出退党，党组织要对其教育，在其有了正确认识，主动撤回退党申请后，可不作退党处理。是预备党员的，应适当延长其预备期。

党员要求退党，应向所在党组织提出，并按《党章》第9条规定，由支部大会讨论后宣布除名，并报上级党组织备案，而不能通过大众传媒或以其他方式向社会公开。

58 对应受开除党籍处分，而本人提出要求退党的党员，能否按退党处理？

咨询问题：我们党委下属某支部有一名党员因严重违纪，组织上拟对其作出开除党籍处分。在会前酝酿阶段，这名党员以开除党籍面子上过不去为名，要求按退党处理。请问：类似这种情况应该怎么办？

解答：根据《党章》《中国共产党纪律处分条例》以及中共中央组织部、中央党的群众路线教育实践活动领导小组《关于做好处置不合格党员工作的通知》等相关规定，对犯有严重错误需要开除党籍的，尽管本人提出退党，也不能按退党处理，而应按《党章》和《中国共产党纪律处分条例》的规定开除其党籍。

59 哪些情形应当劝告退党？哪些情形属于自行脱党？

咨询问题：最近在学习《中国共产党章程》和《中国共产党纪律处分条例》时，产生了一些疑问，比如，在党纪处分中明确规定了开除党籍，但在《中国共产党章程》中又规定了劝告退党和自行脱党的情况。请问：哪些情形应当劝告退党？哪些情形属于自行脱党？

解答：根据《党章》第 9 条第 2 款规定，党员缺乏革命意志，不履行党员义务，不符合党员条件，党的支部应当对他进行教育，要求他限期改正；经教育仍无转变的，应当劝他退党。劝党员退党，应当经支部大会讨论决定，并报上级党组织批准。如被劝告退党的党员坚持不退，应当提交支部大会讨论，决定把他除名，并报上级党组织批准。可以看出，劝告退党，是对不合格党员进行组织处理的一种方式，不是党纪处分，也不能代替党纪处分，因为被劝告退党的党员不属于违犯党纪。

《党章》第9条第3款还同时规定，党员如果没有正当理由，连续六个月不参加党的组织生活，或不交纳党费，或不做党所分配的工作，就被认为是自行脱党。这一规定表明，党员如果没有正当理由，连续六个月具有上述3种情况之一，都应算作自行脱党。

60 自行脱党由哪个党组织负责处理？处理自行脱党应注意哪些问题？

咨询问题：我村有名党员，在日常生活中与他人发生经济纠纷。为躲避债权人的索债，其悄然出走，下落不明，至今已经一年有余。期间，其既不与家里人联系，也不与所在党小组和党支部联系，给他打电话也不接，党费交纳更是无从谈起。部分党员建议对其按自行脱党处理。请问：自行脱党由哪个党组织负责处理？处理自行脱党应注意哪些问题？

解答：根据相关规定，党员如在单位工作期间自行脱党，应由该单位党组织负责处理；如党员已经与本单位解除劳动关系，并将党员组织关系转出后自行脱党，仍应由原单位党组织或最后开具党员组织关系介绍信的党组织负责处理。如党员自行脱党后，其原单位党组织或最后开具党员组织关系介绍信的党组织已撤销（解散），则应由其原单位或最后开具党员组织关系介绍信的党组织的上级党组织负责做好对其处理工作。

处理党员自行脱党问题时，要认真分析研究是否具备“没有正当理由”和是否“连续六个月”这两个条件。不要把因有某些客观原因而连续六个月没有参加党的组织生活，或没有交纳党费，或没有做党所分配的工作的党员，一律不加分析地作自行脱党处理。同时，党组织如发现党员无正当理由不参加党的组织生活，或不交纳党费，或不做党所分配的工作，应当及时进行批评教育，帮助他改正错误，而不要等到六个月以后才去过问或处理。如果本人不接受教育，坚持不改，则应按照《党章》的规定处理。支部大会应当决定把这样的党员除名，并报上级党组织批准。

61 哪些党员应当予以除名？

咨询问题：我查了一下，对不合格党员进行除名处理，是《中国共产党章程》规定的，但《中国共产党纪律处分条例》没有规定。请问：对哪些党员应该予以除名？如何处理？

解答：综合《党章》《中国共产党纪律处分条例》以及中共中央组织部、中央党的群众路线教育实践活动领导小组《关于做好处置不合格党员工作的通知》等相关规定，有以下情形的党员应当予以除名：

（1）党员要求退党，应当经支部大会讨论后宣布除名；

（2）被劝告退党的党员坚持不退，应当提交支部大会讨论，决定把他除名；

（3）被认为是自行脱党的党员，由支部大会决定将其除名；

（4）进行党员登记时，对不符合党员条件的党员，不予登记，宣布除名。

62 开除党籍与除名，有何区别？

咨询问题：最近，我在结合《中国共产党章程》和《中国共产党纪律处分条例》进行学习时，产生了一些困惑，就是“除名”与“开除党籍”，到底有哪些区别？

解答：你学得很仔细，也很认真。根据《党章》和《中国共产党纪律处分条例》等相关规定，开除党员党籍是党的最高纪律处分，适用于严重违反党的纪律、丧失共产党员条件的党员。

除名是指党组织按照《党章》规定，取消党员资格，是党组织处置不合格党员的组织处理措施，不是一种纪律处分。对退党、劝告退党以及自行脱党的党员都可以进行除名。

63 党员失踪后，党籍怎么处理？

咨询问题：我村有一名党员，三年前与家人吵架后离家出走，至今下落不明。家里人通过各种方式查找未果。请问：这名党员的党籍怎么处理？

解答：通常情况下，如果党员失踪6个月以上，支部大会应当根据《党章》第9条第3款“党员如果没有正当理由，连续6个月不参加党的组织生活，或不交纳党费，或不做党所分配的工作，就被认为是自行脱党”的规定，决定把这样的党员除名，并报上级党组织批准。但考虑到当前情况下，社会情形比较复杂，党员失踪可能存在多种情况：一是可能因为各种原因造成死亡；二是可能已患精神病，流落在社会或被收容；三是可能存在其他无法解决的矛盾，因而离家回避；四是可能越境隐身，等等。由于上述的不同情况，处理的方式也不同。根据相关规定，在未弄清其失踪的原因前，可视为特殊情况，其党籍可暂不处理。待其下落查明或经有关部门作出结论性意见后，再按有关规定对其党籍作出相应的处理。

64 党员被外商聘任后，党籍怎么处理？

咨询问题：我村有名党员退休后，被某国外品牌聘任为中国区负责人。请问：类似这种情况，这名退休党员的党籍怎么处理？

解答：根据相关规定，农村退休的无职党员担任外商代理人后，可以办理保留党籍手续，组织关系保留在原单位。保留党籍期间，停止组织生活，不再交纳党费，不阅读党内文件。

65 党员被判刑要开除党籍吗？

咨询问题：近期，我们单位一名党员因涉嫌非法集资，被当地检察院提起公诉，可能要判处刑罚处罚。请问：这名党员要开除党籍吗？

解答：开除党籍指对于错误极其严重，完全丧失了共产党员条件的党员所施行的党内最高处分。此种处分主要适用于那些犯了严重错误，造成恶劣影响，给党和人民带来巨大损失或者对所犯错误拒不改正，抵制党组织的批评教育，完全丧失了共产党员条件的党员。

《党章》第40条规定，严重触犯刑律的党员必须开除党籍。《中国共产党纪律处分条例》第33条规定，违法犯罪的党员有下列情形之一的，应当给予开除党籍处分：

（1）因故意犯罪被依法判处刑法规定的主刑（含宣告缓刑）的；

（2）被单处或者附加剥夺政治权利的；

（3）因过失犯罪，被依法判处三年以上（不含三年）有期徒刑的。

因过失犯罪被判处三年以下（含三年）有期徒刑或者被判处管制、拘役的，一般应当开除党籍。对于个别可以不开除党籍的，应当对照处分党员批准权限的规定，报请再上一级党组织批准。

66 处理党籍问题应履行哪些手续？要注意哪些问题？

咨询问题：通过前段时间学习《中国共产党章程》和《中国共产党纪律处分条例》，感觉党纪处分跟党籍问题联系比较紧密。请问：处理党籍问题时应履行哪些手续？要注意哪些问题？

解答：根据《党章》和有关规定，处理党员的党籍问题应履行以下手续：

（1）必须经过支部大会讨论决定（在特殊情况下，县级和县级以上各级党的委员会和党的纪律检查委员会有权直接决定给党员以开除党籍等纪律处分）。

（2）必须报党的基层委员会批准。其中：给予开除党籍的处分，应分别不同情况，报县级和县级以上党的纪律检查委员会批准；对党员干部党籍处理，要按照干部管理权限，报请主管党组织审批。党员要求退党，经支部大会讨论后宣布除名，并报上级党组织备案（注意：这里仅是备案，而不必报上级党组织批准）。

（3）支部大会作出的处理决定和所依据的事实材料，必须同本人见面，并由本人在处理决定上签署意见。本人如有不同意见，要认真进行复核，合理的意见应当采纳。如本人对处理决定拒不签署意见，或无法通知到本人，党组织应在处理决定上注明情况或写出书面说明，然后上报。

67 呈报上级党组织审批处理的案件应具备哪些材料?

咨询问题：我所在的党组织经研究，决定报请上级批准，对长期拒绝参加党组织分配的工作和党组织活动的某党员进行开除党籍处分。请问：在呈报上级党组织审批时，应具备哪些材料?

解答：根据中共中央纪律检查委员会《关于审理党员违纪案件工作程序的规定》，下级党委、纪委呈报上级审批的案件，应具备下列材料：

（1）呈报审批的请示；

（2）处分决定和所依据的错误事实材料；

（3）调查报告和主要证据材料；

（4）有关的各级纪委和党组织的审查意见；

（5）犯错误党员的检查和对处分决定的意见；

（6）党组织对犯错误党员所提意见的说明。

CHAPTER

第五章

党内常用文书写作

1 怎样写请示？

请示是下级在工作中遇到超越自身处置权的事项或者由于多种原因不能或者不知如何处置的事项时，向上级请求指示或批准的公文。一般由开头、主体和结语三部分组成。开头，写请示的原因；主体，写请示的事项；结语，一般另起一行写“以上意见，妥否，请批示”等语句。

需要注意：(1) 一份请示，一般只请示一个问题或一件事情，不要在一份请示中同时请示两个甚至几个互不相关的问题或事情；(2) 请示一般只有一个主送单位，不能多头请示，更不能越级请示；(3) 必须在事情发生前进行，忌先斩后奏；(4) 请示不要与报告混淆。“请示”是要求上级给予批复。而“报告”是向上级汇报工作，反映情况，不需上级批复。两者有本质的区别。

范例：

关于开展党支部换届选举的请示

中共××镇委员会：

我单位本届支委从20××年×月成立，至今已满×年，根据党章的规定，拟于×月×日进行换届选举。现就有关事项请示如下：

1. 本支部决定于20××年××月×日×：××正式进行换届选举。

2. 我支部现有正式党员××名。支委会于20××年××月×日召开会议决定：新一届支部委员会设书记1名，副书记1名，组织委员1名，宣传委员1名，纪律检查委员1名，群众工作委员1名。

3. 选举办法：支部委员由党员大会差额选举产生，支部委员候选人预备人选的差额比例不少于××%。支部书记、副书记均实行等额选举，分别由新一届支委会第一次全体会议选举产生。

妥否，请批示。

中共×××村支部委员会

20××年××月×日

2 怎样写批复？

批复，是指上级单位答复下级单位请示事项的一种文体，因而具有权威性、针对性、鲜明性和实践性的特点。一般由首部、正文和尾部三部分组成。正文开头一般要写明请示单位来文的日期、标题和文号，如“×年×月×日《关于×××同志近期转为正式党员的请示》（×发〔20××〕×号）收悉”。也可从简，如“×发〔20××〕×号请示收悉”或“《关于×××同志近期转为正式党员的请示》收悉”。然后再对请示的问题作出明确的答复。如不同意请示单位提出的意见，一般应讲述一些理由。批复的内容一定要写的明确、具体，不可含糊其辞。最后，另起一行用“此复”或“特此批复”等词句作结束语。

需要注意的是：如果来文请示的单位是受双重领导的，下达批复的上级单位应主动将批复抄送给下级单位的另一个上级单位，以便他们了解这方面的情况。如果批复的问题带有普遍意义，或者同其他下级单位有密切的关系，就要同时抄送给有关下级单位，也可把原“请示”作为附件，随批复一起下达。特别是需要下级有关单位参照执行的，更需要这样做。

范例：

关于同意××同志预备党员按期转正的批复

×××村党支部：

你支部报来的《关于××同志按期转为正式党员的请示》收悉。经党委会议研究，同意××同志按期转为中共正式党员，转正日期为××年×月×日，党龄计算时间从转正之日算起。

特此批复。

中共×××镇委员会

20××年××月××日

3 怎样写组织鉴定？

组织鉴定是基层党组织对党员或青年在一段时间内的思想、学习、工作等方面情况所作的评价。组织鉴定一般由标题、正文和落款三部分组成。正文通常包括主要表现和工作成绩（政治态度、理论学习、组织观念、完成工作、遵纪守法、群众威信、受奖情况等）、主要问题和缺点（主要从思想作风、工作态度、组织观念、能力素质等方面客观分析被鉴定对象存在的缺点和不足）、努力方向及希望要求（指出改进的地方）等三方面内容。

写作要注意以下几点：

一是慎重负责。组织鉴定代表着党组织的态度，直接关系到被鉴定者的切身利益和今后的成长进步。因此，撰写时一定要以严肃慎重的态度，本着对组织和个人负责的精神去进行，切不可应付差事。

二是内容真实。写鉴定既要防止故意拔高，夸大成绩；又要防止故意贬低，夸大问题和缺点。严禁在组织鉴定材料中掺杂个人感情的东西。

三是防止千篇一律。不能因工作量大而图省事，不负责任地搞“通用型”的鉴定。

四是要同本人见面。组织鉴定材料最终要归入被鉴定者的档案，长期保存。因此，组织鉴定必须要同本人见面。被鉴定者如对鉴定有不同意见可以提出，党组织应认真考虑。其意见如果正确，应予采纳；意见如不正确，要耐心做好说服教育工作。

范例：

关于××同志的组织鉴定

××，男，×年×月出生，大学本科学历，助理经济师职称，中共党员，现任邮政储蓄银行股份有限公司××县××镇支行行长。自参加工作以来，该同志始终坚持认真贯彻落实党和国家的路线、方针、政策，认真学习业务知识，自觉遵守金融法律法规，坚持原则，廉洁自律，爱岗敬业。政治立场坚定，思想品德优良，具有较强的事业心、上进心、责任感和敬业精神，工作兢兢业业，任劳任怨，为人谦虚诚实，作风严谨。

该同志熟悉和掌握国家金融法律法规，努力提高自身业务素质，始终坚持理论学习，系统学习各项法律法规及业务性规章制度，并能将理论运用到实际工作中。在班子中讲大局、讲原则、讲团结，严于律己，率先垂范。工作的时候一丝不苟，生活中关心爱护职工，处处以集体利益和员工利益为重。

在经营管理方面多策并举，工作业绩突出。提高服务质量，加大对邮政储蓄银行的宣传力度，以“互联网+”的新模式提供城乡一体的全方位金融服务，积极开展“幸福·加邮”社区行系列活动，创造性打造“家庭消费产业”开放式合作机制，帮助广大家庭实现消费梦想。××支行连续多年被评为先进单位标兵，他本人也多次获得上级行的表彰。

中共××××委员会

20××年×月×日

4 怎样写党纪处分决定？

党纪处分决定，是指党组织根据党章党纪等有关规定，给犯错误党员以纪律处分的书面材料。标题要写明是什么组织、给什么人、什么错误的处分决定。正文一般写受处分人的基本情况（包括姓名、性别、出生年月、民族、籍贯、家庭出身、本人成分、文化程度、参加工作年月、入党年月、简历以及现在工作单位和党内外职务等）、所犯错误的主要事实（即错误发生的时间、地点，错误的主要情节，造成的后果及本人应负的责任等）、受处分人的态度（即本人对错误的认识和态度及悔改的具体表现）以及处理意见（即党组织对其错误的分析和作出的结论，给予什么处分以及讨论表决的结果）。

需要注意的问题：一是凡写进处分决定的错误事实和情节，必须是经查证和核实的。二是对错误事实、情节、责任的表述要恰如其分，不夸大、不拔高、不粉饰、不缩小，不作无根据的推论，不无限上纲。集团性案件，要在统一的调查报告的基础上，按人分别写出处分决定。三是语言要简练、通顺，用词要准确、无误。

范例：

中共××区××街道工作委员会

关于给予刘××同志留党察看一年处分的决定

×××党支部：

刘××，男，19××年×月×日出生，××县人，汉族，初中文化，××××年×月加入中国共产党，家住××区××街道××小区××号楼×××室。

20××年×月××日×时××分许，刘××酒后驾驶某某牌小型客车行驶到×区市府大道与前丁街交叉路口被执勤交警查获，经抽血检验其血液中酒精含量为92mg/100ml。20××年×月××日，刘××被××市公安局××分局刑事拘留，同月××日取保候审。20××年××月××日，公安机关以刘××涉嫌危险驾驶罪向××区人民检察院移送审查起诉。20××年××月××日，××市××区人民检察院作出不起诉决定书：刘××违反道路交通运输管理法规，醉酒在道路上驾驶机动车，其行为已触犯《中华人民共和国刑法》第××条，构成危险驾驶罪。但刘××醉酒驾驶未造成严重后果，认罪态度好，具有悔罪表现，犯罪情节轻微，根据《中华人民共和国刑法》第××条之规定，不需要判处刑罚。依据《中华人民共和国刑事诉讼法》第××条第×款之规定，决定对刘××不起诉。

刘××同志身为中共党员，违反国家法律法规规定，情节严重。依照《中国共产党纪律处分条例》第××条第×款之规定，中共××街道纪工委会议20××年×月×日决定，并经中共××街道工作委员会会议20××年×月×日同意，给予刘××同志留党察看一年处分。

本决定自20××年×月×日起生效，如不服本处分决定，可向本委或上级党组织提出申诉。

中共××区××街道工作委员会

20××年×月×日

5 怎样起草党的委员会工作报告？

党的委员会向同级党代表（党员大会）报告工作，并接受审议，是党的委员会必须履行的职责，也是党代表大会（党员大会）的重要议程。

党的委员会工作报告的主要内容包括三个方面：一是回顾和总结党的委员会在任期内的工作，肯定成绩、找出存在的问题、总结经验教训；二是提出今后一个时期的主要工作任务及完成这些任务的措施和建议；三是号召党员为完成今后的工作任务和奋斗目标努力。

应注意的问题：一是工作报告要有明确的指导思想；二是要突出强调加强党的建设；三是要坚持实事求是的原则，从本单位的实际情况出发，体现本单位的特点；四是要深入调查研究，充分听取方方面面的意见；五是党委主要负责同志要亲自主持，既要组织开好党的委员会全体会议，统一思想，统一认识，又要亲自调查研究。报告初稿形成后，要印发所属党组织或组织党员进行讨论，听取各方面的意见，进行反复修改，最后提交党的委员会全体会议讨论通过。

范例：

中共××镇委员会工作报告

各位代表（委员）：

大家好。下面，我代表中共××镇委员会向大会作工作汇报。请审议！

一、20××年工作回顾

（一）全面促进经济结构调整和发展方式转变，进一步提升经济发展水平

1. 树立发展信心，优化发展环境，确保工业经济和第三产业平稳持续发展。面对来自国际、国内多重困难和严峻挑战，我们切实帮助企业破解发展难题，引导和鼓励企业及时转变生产方式，趋利避害，积极应对挑战，较好地完成了市下达的各项年度目标任务。全年预计实现工业总产值×××亿元，增长××%；规模企业完成产值、销售收入、利润分别为××亿元、××亿元和××亿元，分别增长××%、××%和××%；自营出口××亿美元，自营进口××万元；协议利用外资××万美元，实到外资××万美元；协议引进内资×亿元，实际利用内资××万元。重点抓了以下几方面：

一是尽力帮助企业树立发展信心。……

二是合力营造良好发展环境。……

三是大力实施创新创牌倍增计划。……

2. 完善提升××产业，发展壮大生态农业，确保农民丰产增收。突出抓了以下几方面工作：

一是突出抓好农业产业集聚升级。……

二是突出抓好农业基础设施建设。……

三是突出抓好××文化旅游产业。……

四是突出抓好农业科技信息推广应用。……

（二）紧紧围绕省级卫生镇创建目标，进一步推进民生工程建设

我们将创建省级卫生镇作为重点工作，全镇上下齐心协力，求真务实，克服单纯为创建而创建的思想，坚持治标与治本相结合，把创建活动与广大干部群众的生产生活密切联系起来，与全镇的规划建设工作结合起来，与推动社会主义新农村建设结合起来，切切

实实地通过创建为老百姓办实事、办好事，取得了创建成功和民生改善的双赢效果。主要表现在：

1. 人居环境不断改善，土地保护利用得到加强。……

2. 社会事业不断进步，文明程度明显提升。……

3. 社会保障不断完善，扶贫帮困面逐步扩大。……

（三）扎实推进平安建设，进一步改善和谐稳定的人居环境

1. 创新维稳信访基层基础工作。……

2. 加强社会治安防控体系建设。……

3. 强化联动处置机制。……

（四）稳步推进“党内凝聚力”工程，进一步提高执政能力和组织保障作用

1. 思想政治工作扎实推进。……

2. 基层组织建设扎实有效。……

3. 党风廉政建设扎实增强。……

同志们，在这非同寻常的×年里，我们的发展遇到了许多难以预料的困难，我们共同经历了许多前所未有的考验。在各种挑战和压力之下，全镇经济社会发展能取得上述成绩，这是全镇各级党组织和广大干部群众齐心协力、攻坚克难、顽强拼搏的结果，实属来之不易，应当倍加珍惜。在此，我代表镇党委向大家表示衷心的感谢和崇高的敬意！

在充分肯定成绩的同时，我们也清醒地认识到工作中存在的问题和不足。主要表现在以下四个方面：

一是当前我镇经济发展受全球金融危机的影响正在逐步加大，发展过程中长期积累的结构性素质性矛盾仍未得到根本解决，产业层次低、竞争力弱的状况仍未得到根本转变；二是财政

收支不平衡，新农村建设推进难度逐渐加大，各村村级经济和工作基础差异明显，分类指导和整体推进压力较大；三是确保一方平安，协调各方利益，日益成为构建和谐社会和维护社会稳定的巨大压力；四是加强广大党员干部的政治思想教育任重道远，个别党组织和党员在践行先进性方面还有欠缺，村级组织在建设和谐社会和新农村建设中的凝聚力、战斗力和创造力仍需提高等等。对这些问题和不足，需要引起我们高度重视，并采取有效措施，切实加以改进。

二、20××年工作的目标任务措施

当前和今后一个时期，我们的经济社会发展正处于一个特殊时期。我们要深刻领会中央和省委、××市委对形势的正确判断及决策，既要看到发展中面临着特殊的困难，又要看到危机中蕴藏着特殊的机遇，进一步增强忧患意识和发展信心，把困难估计得更充分一点，把应对措施准备得更周密一些，坚定必胜信心，扎实做好工作，努力变压力为动力，化危机为机遇，把国际金融危机的不利影响降到最低程度，确保经济社会继续保持又好又快发展的势头。

面对新的形势，联系我镇实际，在新的一年里，我们必须坚持以……为指导，全面贯彻落实党的十九大和中央经济工作、农村工作会议精神，紧紧围绕××目标，深入开展××活动，不断加强社会管理，大力推行网格化、精细化城镇管理新模式，切实提升服务和管理水平，全力推进经济社会又好又快发展，努力开创科学发展的新局面。

20××年全镇经济社会发展的主要目标是：工农业总产值×××亿元，增长××%；其中：工业总产值××亿元，增长×%，农业总产值×××亿元，增长××%；商贸规模企业销售额××亿元，增长××%；财政一般预算收入××亿元，增长××%；农民人均纯收入×××××元，增长××%。围绕上述目标，在今年的工作中，我们要着力在以下四个方面下功夫：

（一）在保增促调，推进经济平稳较快发展上下功夫

保增长是今年经济工作的首要任务，调结构是保增长的主攻方向。要坚持把保增长与调结构有机结合起来，加快转变经济发展方式，真正实现经济发展速度与质量相协调。

一是加快推进工业经济转型升级。……

二是着力发展生态效益农业。……

三是加快实施商贸兴镇战略。……

（二）在加快基础设施建设、改善人居环境上下功夫

建设现代和谐宜居城镇，是全镇人民的共同心愿。要紧紧围绕着力打造宜居宜业和谐小镇的目标，切实加强城镇规划、建设和管理，着力提升我镇的品位和档次。

一是着力做好土地规划和保护。……

二是全力优化村镇人居环境。……

三是大力提升管理水平。……

（三）在强化农村社会保障、提高农村社会事业发展水平上下功夫

根据上级关于推进新一轮农村改革发展作出的全面部署，围绕加快推进城乡公共服务均等化的目标，下步主要在三个方面下功夫：

一是加快发展教育卫生事业。……

二是切实提升文化事业。……

三是不断完善劳动和社会保障体系。……

（四）在深化平安建设、确保社会和谐稳定上下功夫

要坚持把和谐社会建设放在全局工作的突出位置，大力发展民生，保障社会稳定，为经济社会又好又快发展提供强大动力、营造良好环境。

一是深化提升维稳信访“五常法”。……

二是继续深化平安建设。……

6 怎样写发展党员公示？

基层党组织常用的党员发展公示形式，就是通过张贴告示的方式来进行。这种告示，形式上应包括标题、正文、落款、日期；内容上包括被公示人的基本情况、党组织的意见、公示的期限、接收意见的单位和电话等；公示时间在上级党组织预审后，在党支部讨论吸收其为预备党员前予以公示。公示期为一周。

范例：

发展党员公示书

各党支部：

经支部委员会、总支部委员会讨论同意，报组织部预审通过，拟近期发展×××同志为中共预备党员，现予以公示。

×××，男，××学历，现任×××单位××职。××年××月向党组织递交入党申请书，××年××月支部确定为培养对象。

请党内外群众对该同志的政治立场、思想品质、入党动机、工作表现、勤政廉政、遵纪守法以及发展程序等予以监督。如有不同意见，请在一周内向总支部委员会和所在支部反映情况。

公示期：20××年××月××日至××月××日。

中共××工业园区总支委员会

20××年××月××日

7 怎样写“入党介绍人意见”？

入党介绍人意见，是党支部全体党员讨论申请入党对象是否具备党员条件和上级党委审批党员的重要依据。入党介绍人意见由于受篇幅的限制，一般应包括三层意思：一是对被介绍人的政治思想，工作学习，作风纪律，特别是入党动机等方面的表现情况写出综合性的意见。二是指出被介绍人的不足及今后的努力方向。三是按党员标准全面衡量，表明对被介绍人能否入党的态度等。

写入党介绍人意见是一件十分严肃的事情。因此，一是要坚持党性原则，以党章规定的党员标准为尺度，绝不能只从个人意愿出发，或因某种需要“矮子里面拔大个”，降低党员标准。二是要坚持全面分析的原则，把在培养和考察过程中了解的被介绍人的思想觉悟、政治品质、现实表现和个人经历等方面的情况介绍清楚，重点要介绍被介绍人的入党动机和现实表现。三是在写明被介绍人的主要优缺点时，优点要概括得符合实际，缺点要具体，切中要害，不要只笼统、抽象，简单地提出点希望。四是两名介绍人都要有自己的意见，不要简单地写同意上一个介绍人的意见。

范例：

第一介绍人意见：

×××同志在政治思想上自觉同党中央保持一致，坚持四项基本原则，努力学习党的创新理论和时事政治，对党的认识明确，入党动机端正。在工作和学习中较好地发挥了先锋模范作用。对党忠诚老实，为人襟怀坦白，有为共产主义奋斗终身的决心。缺点是：工作中计划性和细致性不够。用党章规定的标准全面衡量×××同志，我认为他已具备了共产党员的条件，我愿意介绍×××同志加入中国共产党。

介绍人单位、职务或职业

签名或盖章　年　月　日

（第二介绍人意见）

同意第一介绍人意见。××同志对党有明确的认识。在大是大非面前头脑清醒，立场坚定，平时能够自觉用共产党员的标准要求自己，能正确处理整体利益和个人利益的矛盾，在前段时间的学习和工作中表现出了较高的思想水平，本职工作和组织上交给的其他任务都完成得较为出色。缺点是工作中有时不够过细。总的来说，我认为××同志已具备了共产党员的条件，我愿意做×××同志的入党介绍人。

介绍人单位、职务或职业

签名或盖章　年　月　日

8 怎样写“支部大会通过接收申请人为预备党员的决议”？

支部大会通过预备党员转为正式党员的决议，应当在支部大会讨论通过后，由支委会根据支部大会讨论的意见，经整理后，及时填入其入党志愿书相应的栏目内。它是入党志愿书的重要组成部分，也是上级党组织审批党员的主要依据之一。

填写的内容主要有：支部大会讨论的日期；支部大会对其基本看法和评价；支部大会讨论的结论性意见（同意按期转正的，应写明“按期”两字；如果延期转正，应写明延长预备期的理由，延长预备期的时间和起止日期；如取消预备党员资格，应写明取消预备党员资格的原因并注明“取消其预备党员资格”)，以及支部大会出席情况、表决的方式和结果。

范例：

党支部大会关于吸收×××同志为中共预备党员的决议

××支部于××年×月×日召开了全体党员大会，讨论了×××同志的入党申请。经充分讨论，与会同志认为，×××同志向党组织提出入党申请以后，努力以实际行动争取早日成为一名光荣的共产党员。他认真学习了党的基本知识，及时向党支部汇报自己的思想，不断提高自己的思想觉悟，对党的认识明确，入党动机端正，在政治思想上自觉和党中央保持一致。他能够自觉用共产党员的标准要求自己，正确处理集体利益和个人利益的矛盾，积极参加各项集体活动，乐于助人，工作学习等各方面表现都较为突出。不足之处是：性格急躁，做思想政治工作不够耐心。

经支部审查×××同志的个人历史、直系亲属和社会关系的政治情况清楚，现实表现符合共产党员的标准。经支部大会充分讨论，同意接受×××同志为中共预备党员。表决结果：本支部共有党员××名，其中有表决权的正式党员××名，到会××名，经举手表决，一致同意接收×××同志为中共预备党员。

9　怎样写《入党志愿书》中“上级党组织指派专人进行谈话情况和对申请人入党的意见”？

《入党志愿书》“上级党组织指派专人进行谈话情况和对申请人入党的意见”栏内，主要填写：与申请人谈话的情况；对申请人的基本看法（通过谈话，并结合谈话前对申请人入党材料的审阅和调查核实所获得的情况，对申请人总的印象和评价，以及存在的主要缺点）；对申请人入党的意见（要写明入党申请人是否具备了共产党员的标准，是否符合入党条件，及入党手续是否完备，要明确写上是否同意其入党的意见）。

范例：

受党委指派，×月×日与×××同志进行了谈话。谈话内容，主要是了解其对党的认识、入党信念、入党动机、思想觉悟和对党的基本知识掌握情况，以及对待入党的态度和决心等，并有针对性地对其进行教育和指点。

通过谈话和审阅其入党材料，我们认为该同志对党的认识正确，具有一定的思想觉悟，入党动机端正，有为党的事业奋斗终身的决心。该同志思想作风正派，学习刻苦，热心公益活动，有奉献精神。该同志的缺点是处理问题有时不够冷静，过于主观和自信。

综上所述，我们认为×××同志已基本符合共产党员标准，具备入党条件，材料完备，手续健全，建议党委讨论审批。

谈话人签名盖章：20××年×月×日

10 怎样写接收预备党员的审批意见？

经党委会讨论批准发展对象为预备党员后，应及时将党委会讨论的意见填入其入党志愿书“党委审批意见”栏。要写明预备期的期限和起止日期，党委书记要在审批意见下方签名盖章，并填上审批的日期，然后盖上党委公章。

经县以上党委授权审批党员的党总支，在填写审批意见时，还应写明是由哪一个党委授权的，或由上级党委在其“党委审批意见”栏中签注“经党委研究决定授权×××总支委员会审批接收党员”字样，并注明时间，加盖印章。

需要注意的事项：一是预备期的起算日期，除特殊情况由党委（党总支）确定外，一般应填写支部大会通过之日；二是对支部大会通过的日期要进行确认，不能轻易把支部书记在支部大会决议后面签名盖章的日期视为支部大会通过之日，因支部书记签名盖章的日期常常滞后于支部大会通过的日期；三是预备期的起止日要对应，如“自20××年7月1日起至20××年6月30日止。”

范例：

党委审批意见

经党委会讨论，批准×××同志为中共预备党员，预备期一年（自20××年10月6日起至20××年10月5日止）。

党委盖章：党委书记签名盖章：

20××年×月×日

11 怎样写“支部大会通过预备党员转为正式党员的决议”？

支部大会通过预备党员转为正式党员的决议，应当在支部大会讨论通过后，由支委会根据支部大会讨论的意见，经整理后，及时填入入党志愿书内。填写的内容主要有：支部大会讨论的日期；支部大会对其基本看法和评价；支部大会讨论的结论性意见（同意按期转正的，应写明“按期”两字；如不同意按期转正，应写明从何时转为正式党员）；支部大会出席情况、表决的方式和结果。

范例：

关于×××同志按期转为中共正式党员的决议

×××支部大会于×年×月×日讨论了×××同志的转正申请。经支部大会讨论，认为×××同志在预备期间，能认真履行党员义务，能按照党员标准严格要求自己，重视政治理论学习，注意改进工作作风，工作勤奋，勇于创新，成绩显著，发挥了共产党员的先锋模范作用。大会认为×××同志已具备党员条件，同意按期转为正式党员。

支部大会应到会有表决权的党员11人，实到会10人（1人事假）。大会采取举手的方式进行表决。表决结果：到会10人全部赞成（请事假的×××同志会前也以书面形式向支部表示同意×××同志按期转正）。

支部名称：　　　　　　　　　　　　支部书记签名盖章：

20××年×月×日

12 怎样写“支部大会通过延长预备党员预备期的决议”？

支部大会通过延长预备党员预备期的决议，应当在支部大会讨论通过后，由支委会根据支部大会讨论的意见，经整理后，及时填入入党志愿书相应的栏目内。填写的内容主要有：支部大会讨论的日期；预备期间存在的主要缺点和问题；延长预备期的时间和起止日期；支部大会出席情况、表决的方式和结果。

范例：

关于延长×××同志预备期的决议

支部大会于×年×月×日讨论了×××同志的转正申请，经支部大会讨论，认为×××同志在预备期间，不能以党员标准严格要求自己，造成不良影响。这表明他的觉悟还不够高，还不完全具备党员条件。但鉴于他对自己的问题已有认识，并决心改正，经支部大会讨论，决定延长×××同志的预备期一年（自×年×月×日起至×年×月×日止）。

支部大会有表决权的党员应到会13人，实到会13人。大会采取无记名投票的方式进行了表决。表决结果：11人赞成，2人反对。

支部名称：　　　支部书记签名或盖章　　　×年×月×日

13 怎样写“支部大会通过取消预备党员资格的决议”？

支部大会通过取消预备党员资格的决议的写法，同支部大会通过延长预备期的写法基本相同，只是把延长预备期的结论改为取消预备党员资格即可。

需要注意的是，主要内容要分两部分来写，成绩要充分肯定，存在的问题要如实写清，这也就是取消其预备党员资格的理由，因此，一定要写充分，实事求是。

范例：

关于取消×××同志预备党员资格的决议

支部大会于×年×月×日讨论了×××同志的转正申请，经支部大会讨论，认为×××同志在预备期间，不能以党员标准严格要求自己，并在学习贯彻党的十九大精神过程中故意散布谣言，积极参加当地封建迷信活动，造成恶劣影响。这表明他完全不具备党员条件。且经组织谈心教育，仍然认识不到自身存在的问题。经支部大会讨论，决定取消×××同志的预备党员资格。

本支部共××名党员，全部到会，都有表决权，经举手表决，一致同意取消×××同志的预备党员资格。

支部名称：　　　支部书记签名或盖章：　　　×年×月×日

CHAPTER

附录：

部分常用的党内法规制度

中国共产党农村基层组织工作条例

（1999 年 2 月 13 日　中发〔1999〕5 号）

第一章　总　　则

第一条　为了加强和改进党的农村基层组织建设，加强和改善党对农村工作的领导，推动农村经济发展和社会进步，保证党在农村改革和发展目标的实现，根据《中国共产党章程》制定本条例。

第二条　乡镇党的委员会（以下简称乡镇党委）和村党支部（含总支、党委，下同）是党在农村的基层组织，是党在农村全部工作和战斗力的基础，是乡镇、村各种组织和各项工作的领导核心。

第三条　党的农村基层组织必须以马克思列宁主义、毛泽东思想、邓小平理论为指导，贯彻党的路线方针政策，坚持党要管党和从严治党，努力成为团结带领群众建设有中国特色社会主义新农村的坚强战斗堡垒。

第二章　组 织 设 置

第四条　乡镇应当设立党的基层委员会。乡镇党委由党员大会或者党员代表大会选举产生。

第五条　有正式党员 3 名以上的村，应当成立党支部；不足 3 名的，可与邻近村联合成立党支部。党员人数超过 50 名的村，或党员人数虽不足50名，但村办企业具备成立党支部条件的村，因工作需要，可以成立党的总支部。党员人数100名以上的村，根据工作需要，经县级地方党委批准，可以成立党的基层委员会；村党委受乡镇党委领导。

村党支部、总支部和党的基层委员会由党员大会选举产生。

第六条 县以上有关部门驻乡镇的单位，应当根据党员人数和工作需要建立党的基层组织。这些党组织，除中央另有规定的以外，受乡镇党委领导。

第七条 乡镇工作机构设置和人员配备，应当坚持精干高效，加强服务，密切联系群众的原则，严格执行上级的有关规定。村干部误工补贴人数和标准的确定，应当从实际出发，从严掌握。

第三章 职责任务

第八条 乡镇党委的主要职责是：

（一）贯彻执行党的路线方针政策和上级党组织及本乡镇党员代表大会（党员大会）的决议。

（二）讨论决定本乡镇经济建设和社会发展中的重大问题。需由乡镇政权机关或集体经济组织决定的问题，由乡镇政权机关或集体经济组织依照法律和有关规定作出决定。

（三）领导乡镇政权机关和群众组织，支持和保证这些机关和组织依照国家法律法规及各自章程充分行使职权。

（四）加强乡镇党委自身建设和以党支部为核心的村级组织建设。

（五）按照干部管理权限，负责对干部的教育、培养、选拔和监督工作。协助管理上级有关部门驻乡镇单位的干部。

（六）领导本乡镇的社会主义民主法制建设和精神文明建设，做好社会治安综合治理及计划生育工作。

第九条 村党支部的主要职责是：

（一）贯彻执行党的路线方针政策和上级党组织及本村党员大会的决议。

（二）讨论决定本村经济建设和社会发展中的重要问题。需由村民委员会、村民会议或集体经济组织决定的事情，由村民委员会、村民会议或集体经济组织依照法律和有关规定作出决定。

（三）领导和推进村级民主选举、民主决策、民主管理、民主监督，支持和保障村民依法开展自治活动。领导村民委员会、村集体经济组织和共青团、妇代会、民兵等群众组织，支持和保证这些组织依照国家法律法规及各自章程充分行使职权。

（四）搞好支部委员会的自身建设，对党员进行教育、管理和监督。负责对要求入党的积极分子进行教育和培养，做好发展党员工作。

（五）负责村、组干部和村办企业管理人员的教育管理和监督。

（六）搞好本村的社会主义精神文明建设和社会治安、计划生育工作。

第十条 党员人数较多的村党支部，可以划分若干党小组。党小组在支部委员会领导下开展工作，组织党员学习和参加组织生活，检查党员履行义务、行使权利和执行支部委员会、党员大会决议的情况，反映党员、群众的意见和要求。

第四章 经济建设

第十一条 党的农村基层组织应当加强对经济工作的领导，坚持以经济建设为中心，深化农村改革，发展农村经济，增加农民收入，减轻农民负担，提高农民生活水平。

（一）坚持以公有制为主体、多种所有制经济共同发展的基本经济制度，以家庭承包经营为基础、统分结合的经营制度，以劳动所得为主和按生产要素分配相结合的分配制度。

（二）稳定发展粮食生产，积极发展多种经营和乡镇企业。发展多种经营要同支持和促进粮食生产相结合。发展乡镇企业要从实际出发，同促进农副产品流通和建设小城镇相结合。

（三）加强以水利为重点的农业基本建设，改善农业生态环境，实现农业可持续发展。

（四）领导制定本地经济发展规划，组织、动员各方面力量保证规划实施。

村党支部领导和支持集体经济组织管理集体资产，协调利益关系，组织生产服务和集体资源开发，逐步壮大集体经济实力。

（五）组织党员、群众学习农业科学技术知识，应用科技发展经济。

第五章　精神文明建设

第十二条　党的农村基层组织应当制定社会主义精神文明建设规划，保证社会主义物质文明建设和精神文明建设协调发展，促进农村经济和社会的全面进步。

第十三条　对群众进行爱国主义、集体主义和社会主义教育，党的基本路线和方针政策教育，思想道德和民主法制教育，引导农民正确处理国家、集体、个人三者之间的利益关系，培养有理想、有道德、有文化、有纪律的新型农民。

第十四条 搞好村镇规划，改善村镇面貌，创造文明卫生的生活环境；加强农村文化设施建设，开展健康有益的文体活动；改善办学条件，普及义务教育；开展创建文明村镇、文明户活动，破除封建迷信，移风易俗，树立社会主义新风尚。

第十五条 加强思想政治工作。宣传好人好事，弘扬正气。了解群众的思想状况，帮助解决群众的实际困难，及时疏导和化解人民内部矛盾，保持农村社会稳定。

第六章 干部队伍和领导班子建设

第十六条 不断提高农村基层干部队伍的素质。农村基层干部要认真学习马克思列宁主义、毛泽东思想特别是邓小平理论，坚决贯彻党的基本路线和党在农村的方针政策，坚持全心全意为人民服务的根本宗旨，增强带领群众发展经济、搞好两个文明建设的本领。

第十七条 加强农村基层干部队伍的思想作风建设。坚持实事求是，不准虚假浮夸；坚持依法办事，不准违法乱纪；坚持艰苦奋斗，不准奢侈浪费；坚持说服教育，不准强迫命令；坚持廉洁奉公，不准以权谋私。

第十八条 党的农村基层组织的领导班子，应当由认真贯彻执行党的路线方针政策，清正廉洁，公道正派，群众拥护，能够带领群众完成各项任务的党员组成。乡镇党委书记还应具有一定的理论和政策水平，较强的组织协调能力，熟悉党务工作和农村工作。村党支部书记还应具备一定的政策水平，善于做群众工作。

应当重视培养选拔优秀年轻干部，改善领导班子的结构。

第十九条 领导班子应当贯彻党的思想路线。反映情况，安排工作，决定问题，必须实事求是，一切从实际出发，说实话、办实事、求实效。

第二十条 领导班子应当贯彻党的群众路线。决定重大事情要同群众商量，布置工作任务要向群众讲清道理；经常听取群众意见，不断改进工作；关心群众生活，维护群众的合法权益，切实减轻群众负担。

第二十一条 领导班子应当贯彻党的民主集中制。坚持集体领导和个人分工负责相结合的制度。凡属重要问题，必须经过集体讨论决定，不允许个人或者少数人说了算。书记要敢于负责，有民主作风，善于发挥每个委员的作用。委员要积极参与和维护集体领导，主动做好分工负责的工作。

第二十二条 乡镇党委和村党支部委员会每半年召开一次以开展批评与自我批评为主要内容的组织生活会，接受党员和群众的监督。

第七章 党员队伍建设

第二十三条 农村党员应当在社会主义物质文明和精神文明建设中发挥先锋模范作用，带头执行党和国家的各项政策，带领群众共同致富。

第二十四条 党的农村基层组织应当组织党员学习马克思列宁主义、毛泽东思想特别是邓小平理论，学习党的基本知识和科学文化知识、社会主义市场经济知识、法律法规知识。

党员教育应当坚持理论联系实际，适合农村特点，贴近党员思想，采取多种形式。发挥乡镇党校、党员活动室和党员电化教育的作用。

乡镇党委每年应当对党员分期分批进行集中培训一次。

第二十五条 严格党的组织生活。村党支部每月应当开展一次党员活动，包括学习党的文件，上党课，召开组织生活会等。

第二十六条 坚持和完善民主评议党员制度。对优秀党员，要进行表彰；对不合格党员，要依照有关规定，分别采取教育帮助、限期改正、劝其退党、党内除名等方式进行严肃处置。

第二十七条 尊重和保障党员的各项权利，教育和监督党员履行义务。要使党员对党内事务有更多的了解和参与。要组织开展党员联系户等活动，给党员分配适当的社会工作和群众工作，为党员发挥作用创造条件。

第二十八条 加强和改进对外出党员的教育和管理。对外来党员，有关党组织应当及时将他们编入党的支部和小组，组织他们参加党的活动。

第二十九条 严格执行党的纪律。经常向党员进行遵纪守法教育。党员违犯党的纪律，应当及时严肃查处。处分党员必须按照党章和有关规定进行。对受到党的纪律处分的，要加强教育，帮助他们改正错误。

第三十条 按照坚持标准、保证质量、改善结构、慎重发展的方针和有关规定，做好发展党员工作。注意吸收优秀青年、妇女入党。

村级党组织发展党员必须经过乡镇党委审批。

第八章 附 则

第三十一条 省、自治区、直辖市党委可以根据本条例，结合本地区情况制定实施细则。

第三十二条 本条例由县（市）党委负责实施。

第三十三条 本条例由中共中央组织部负责解释。

第三十四条 本条例自发布之日起施行。

关于加强新形势下发展党员和党员管理工作的意见（节选）

（2013 年 2 月 24 日 中办发〔2013〕4 号）

二、严格坚持标准，提高发展党员质量

（四）始终把政治标准放在首位。严格按照党章规定的党员标准发展党员，突出先进性，着重看发展对象是否具有坚定的理想信念和良好的道德品行，是否自觉为党的纲领而努力奋斗，是否在生产、工作、学习和社会生活中起先锋模范作用。根据不同群体、行业、岗位的特点，紧密联系实际，从思想政治、能力素质、道德品行、现实表现等方面研究制定党员具体标准。坚持成熟一个发展一个，防止把不具备党员条件的人吸收到党内。

（五）加强入党积极分子培养教育。从不同群体、不同行业入党积极分子的特点出发，开展党的历史和优良传统、党的基本理论和基本知识、党的路线方针政策和形势任务教育以及社会主义核心价值体系教育，使他们懂得党的性质、纲领、宗旨，懂得党的组织原则和纪律，懂得党员的义务和权利，端正入党动机。探索实行党校培训与履职尽责、社会实践、志愿服务、谈心谈话等相结合的入党积极分子培养制度，建立动态管理机制，及时调整不合格人员。

注意入党积极分子工作岗位变动时的互相衔接。坚持入党前短期集中培训制度。

（六）扩大发展党员工作中的民主。采取党员和群众推荐、群团组织推优等方式，在申请入党人中确定入党积极分子和发展对象。党支部在讨论接收预备党员和预备党员转正时，要在适当范围内对发展对象和预备党员的基本情况进行公示，并在支部大会上采取无记名投票方式进行表决。

（七）严格工作程序和纪律。在入党积极分子的推荐确定、培养教育，发展对象的政治审查、公示，预备党员的接收、教育、考察、公示和转正等每一个环节，都要严格程序、严格把关。健全和落实发展对象政治审查制度，凡没有通过政治审查的，一律不能发展入党。支部大会讨论接收预备党员前，基层党委要对发展对象的条件、培养教育情况和入党手续等进行全面审查，还可根据需要听取执纪执法等相关部门的意见，防止“带病入党”。强化发展党员工作责任追究制，对不坚持标准、不履行程序和培养考察失职、审查把关不严的党组织及其负责人、直接责任人要进行批评教育，情节严重的给予纪律处分。对违反党章和有关规定发展党员的典型案例要及时进行查处和通报，对违反规定吸收入党的，一律不予承认，切实维护发展党员工作的严肃性。

三、重视从青年工人、农民、知识分子中发展党员，优化党员队伍结构

（八）着力在工人中发展党员。在国有企业，重点发展生产一线班组长、业务骨干、技术能手特别是优秀青年工人入党，做到关键岗位、艰苦岗位有党员，实现党员在生产班组的全覆盖。在非公有制企业，重视在生产一线职工、专业技术骨干及经营管理人员中发展党员，积极稳妥做好在出资人中发展党员工作。注重把生产经营骨干培养成党员、把党员培养成生产经营骨干，引导广大职工积极向党组织靠拢。

注重发展优秀农民工入党。农民工外出务工期间，可以向所在单位党组织提出入党申请，所在单位未建立党组织的，可以向单位所在地党组织或单位主管部门党组织提出入党申请；流出地已经在流入地建立流动党员党组织的，可以向流动党员党组织提出入党申请。接受农民工入党申请的党组织，要切实履行教育、培养、考察责任，在接收他们为预备党员前，应征求流出地或原单位党组织意见；当入党申请人工作单位发生变动时，要及时负责地与新的用人单位党组织或本人居住地党组织做好工作衔接。流入地党组织与流出地党组织要加强沟通联系，密切配合，共同做好发展农民工党员工作。

做好在劳务派遣工中发展党员工作。适应劳动关系变化和用工方式变革，探索实行用工单位党组织为主，劳务派遣单位党组织和户籍所在地党组织紧密衔接、共同负责的发展劳务派遣工入党办法，及时将劳务派遣工中的优秀分子吸收入党。

（九）继续做好在农民中发展党员工作。以村组干部、返乡毕业生、复员退伍军人、务工经商人员、致富能手、农民专业合作组织成员、农村专业技术协会会员和大学生村官为重点，加大发展党员工作力度。注重把致富能手培养成党员，把党员培养成致富能手，做好在思想政治素质好、有文化、有一技之长、能带头致富并带领群众共同致富的优秀青年农民中发展党员工作。对长期不做发展党员工作的基层党组织，要进行组织整顿。

（十）重视在优秀青年知识分子中发展党员。学校党组织特别是高等学校党组织要进一步加强在青年教师中发展党员工作。对政治素质好，道德品行好，以高度的社会责任感坚持教书育人，为人师表的青年教师，要选择党性观念强、业务水平高、在青年教师中有影响的党员专家教授和党员领导干部专门联系培养，及时把他们中的优秀分子吸收入党。做好在科研院所、文化单位、卫生机构以及社会组织等知识分子相对集中地方的优秀青年中发展党员工作，高度重视将科研骨干、学术带头人、留学归国人员中的优秀分子培养成党员。

认真做好在高校学生中发展党员工作，重点是进一步提高新党员的政治素质。重视在研究生中发展党员。按照本科生低年级有党员、高年级有党支部的目标，及时把品学兼优的大学生发展成党员。把发展大学生党员工作的着力点放在对入党积极分子培养教育上，重视做好思想上入党工作。坚持把政治标准作为发展学生党员的首要标准，把综合素质作为发展学生党员的重要考察内容，注重把大学生的一贯表现和关键时刻表现、自我评价和群众评议相结合，防止把学习成绩作为发展党员的主要条件及临毕业前突击发展现象。

同时，加强在妇女和少数民族中发展党员工作，继续做好在军人和干部中发展党员工作。

四、加强发展党员工作宏观指导，保持党员队伍适度规模

（十一）实行发展党员总量调控。按照慎重发展、均衡发展的要求，积极稳妥地对发展党员数量和结构进行调控，使全国党员数量年均增长控制在适当速度，党员队伍保持适度规模，党员质量不断得到提高，党员队伍结构不断得到优化。未来 10 年，全国党员数量年均净增 1.5% 左右。坚持有计划有步骤地发展党员，县级以上党委（工委）可采取每年确定发展党员数量或增长比例的办法，确保发展党员总量调控目标任务落实到位。

（十二）制定和落实发展党员规划。各省（自治区、直辖市）和有关部门（系统）党委（工委）要根据经济社会发展要求和党员队伍建设需要，加强综合平衡、分类指导，做到有控、有保、有减、有增。县级以上党委（工委）要采取自下而上、上下结合的方式，充分论证、统筹协调，分领域、分行业、分类别研究制定发展党员中长期规划和年度计划，对发展党员数量、结构分布和工作要求等提出具体指导意见，报上一级党委备案。发展党员的规划和计划，可根据工作需要和实际情况变化作必要调整。基层党委要根据上级党组织的规划和计划，结合本地区本单位实际，研究制定工作方案和落实措施，报上一级党委审批。

（十三）抓好工作指导检查。各省（自治区、直辖市）和有关部门（系统）党委（工委）要建立发展党员工作定期分析制度；党委（工委）组织部门每年要对发展党员工作进行检查，及时发现和研究解决发展党员工作中的苗头性、倾向性问题，防止和避免突击发展、长期不发展、发展数量大起大落等不正常现象。党委（工委）组织部门每年要向同级党委和上级党委组织部门报告发展党员工作情况；基层党组织每半年要向上级党委报告发展党员工作情况。

五、强化党员管理，增强党员队伍生机活力

（十四）从严管理党员。严格经常性的党内组织生活，严明党的政治纪律和组织纪律，健全党员党性定期分析、民主评议等制度，加强和改进党员队伍管理。每5年由县级以上党委作出安排，集中开展一次党员党性分析活动。改进和完善民主评议党员方式，将民主评议结果作为对党员奖惩的重要依据。探索打破单位、行业、地域界限，试行党员组织关系一方隶属、参加多重组织生活模式，积极开展开放式、互动式党内活动，进一步提高组织生活的效果。党组织对党员参加组织生活的情况要经常进行督促检查，对无故不参加组织生活的党员，要及时给予批评帮助。

加强党员组织关系管理。理顺党员组织隶属关系，确保每个党员都能纳入党的一个基层组织的管理之中。对在转移和接收党员组织关系过程中推诿扯皮、无故拒转拒接的党组织和党员，上级党组织要批评教育，及时纠正；对拒不纠正的要按照有关规定，对主要责任者给予相应的纪律处分。对伪造党员身份证明的，要依纪依法严肃处理。

创新党员管理手段。充分运用现代信息技术和传媒手段改进党员管理工作，推进全国党员信息库建设，提高党员管理工作信息化水平。

（十五）及时处置不合格党员。健全党员能进能出机制，使党员队伍更加纯洁。对无正当理由连续 6 个月不参加党的组织生活，或不交纳党费，或不做党所分配的工作的党员，按自行脱党处理，并予除名。对理想信念不坚定、不履行党员义务、不符合党员条件的党员，党组织应对其进行教育，要求其限期改正；经教育仍无转变的，应当劝其退党；劝而不退的予以除名。对那些思想品德败坏、无可救药的蜕化变质分子、腐败分子，要坚决从党的队伍中清除出去。

处置不合格党员要按照稳妥、慎重的要求，做到事实清楚、理由充分，处理恰当、手续完备，不定比例、不下指标，认真执行规定，严格审核把关。对被劝退和除名的党员，党组织要做好包括思想政治工作在内的相关工作。

（十六）改进对流动党员的管理。按照明确责任主体、分类管理服务、多方协同配合的要求，认真做好流动党员组织生活、教育培训、关爱帮扶、权益保障等工作。对农村流动党员，要认真落实城乡一体、流入地党组织管理为主、流出地党组织配合的双向共管责任。流出地党组织要掌握了解外出流动党员情况，主动与流入地党组织沟通，并积极创造条件，在流出党员相对集中地建立党组织；流入地党组织要及时将流动党员纳入本地党员管理范围，给予必要的工作支持。街道社区党组织要切实履行流动党员管理责任。

对大中专毕业生中的流动党员，已经落实工作单位的，应将党员组织关系及时转移到所在单位党组织；工作单位未建立党组织的，按照就近就便原则，将党员组织关系转移到工作单位所在地街道、乡镇党组织，也可随同档案转移到县以上政府所属公共就业和人才服务机构党组织；尚未落实工作单位的，可将党员组织关系转移到本人或父母居住地的街道、乡镇党组织，也可随同档案转移到县以上政府所属公共就业和人才服务机构党组织。

对流动人才中的党员，所在单位已经建立党组织的，应将党员组织关系转移到单位党组织。所在单位未建立党组织的，党员组织关系应随同档案一并转入县以上政府所属公共就业和人才服务机构党组织；具备条件的可成立流动人才党员党组织，并提供必要的工作保障，确保他们能够按时交纳党费、定期参加组织生活、充分发挥作用。

对劳务派遣工中的流动党员，一般以用人单位党组织管理为主，劳务派遣单位党组织和户籍所在地党组织密切配合、主动联系，将他们纳入党组织有效管理之中。

对出国（境）人员中的党员，要加强管理和服务工作，完善出国（境）人员党员与党组织联系制度和组织关系管理制度。

对离退休干部、职工中的流动党员，原所在单位或其上级主管部门党组织要从党员实际出发落实党员组织关系，没有建立离退休党支部的单位可将党员组织关系转移到居住地党组织。

（十七）健全党内激励关怀帮扶机制。充分保障党员的各项权利，维护党员合法权益。坚持从思想、工作、生活上关心和爱护党员，通过走访慰问、谈心谈话、结对帮扶、设立党内帮扶资金等措施，帮助支持生产生活困难党员和老党员。积极推动将符合条件的生活困难党员和因公牺牲党员遗属纳入社会救助。健全建国前入党的农村老党员和未享受离退休待遇的城镇老党员生活补贴调整机制。加大优秀共产党员宣传表彰力度，发挥先进典型的示范带动作用。

（十八）构建党员联系和服务群众工作体系。健全党员立足岗位创先争优长效机制，通过设立党员先锋岗、党员责任区、党员服务窗口等形式，开展党员承诺践诺和志愿服务活动，推动党员发挥先锋模范作用。以服务群众、做群众工作为主要任务，加强基层服务型党组织建设。完善党员干部直接联系群众制度，重点联系农村和居住地群众、基层单位职工群众和生产生活困难群众，听取和反映群众意见，帮助解决群众困难，注重维护群众权益，始终保持党同人民群众的血肉联系。

六、加强组织领导，确保各项任务落到实处

（十九）落实领导责任。各级党委（党组）要从全局和战略的高度，充分认识加强新形势下发展党员和党员管理工作的重要意义，加强领导、明确责任，将发展党员和党员管理工作列入重要议事日程，纳入党建工作责任制，作为党建工作述职、评议、考核和党务公开的重要内容。成立发展党员和党员管理工作协调小组，负责发展党员和党员管理工作的安排部署和督促检查，研究解决工作中遇到的困难和问题。党委组织部门要加强具体指导，明确目标任务，充实工作力量，推动各项工作取得实效。基层党组织要改进工作方法，加大工作力度，切实履行工作职责。

（二十）完善保障措施。坚持和完善组织员制度，地方党委应建立组织员工作机构，配齐配强组织员，保证专职专用；基层党委可从实际出发，设置、聘任一定数量的专兼职组织员。加强对组织员的教育培训，充分发挥他们在发展党员和党员管理工作中的重要作用。通过同级财政安排预算、党费适当补助等方式，保障发展党员和党员管理工作所需经费。加强对革命老区、民族地区、边疆地区、贫困地区发展党员和党员管理工作的支持。

各地区各部门要根据本意见精神，结合工作实际，制定具体实施办法，并在实践中不断探索完善。

中国共产党基层组织选举工作暂行条例

（1990年6月27日　中发〔1990〕8号）

第一章　总　　则

第一条　为健全党的民主集中制，完善党内选举制度，根据《中国共产党章程》，制定本条例。

第二条　本条例所称的党的基层组织，是指工厂、商店、学校、机关、街道、合作社、农场、乡、镇、村和其他基层单位党的委员会、总支部委员会、支部委员会，包括基层委员会经批准设立的纪律检查委员会。

第三条 党的基层组织设立的委员会任期届满应按期进行换届选举。如需延期或提前进行换届选举，应报上级党组织批准。延长期限一般不超过一年。

第四条 党的基层组织设立的委员会由党员大会选举产生。党员人数在500名以上或所辖党组织驻地分散的，经上级党组织批准，可以召开党员代表大会进行选举。

第五条 正式党员有表决权、选举权、被选举权。受留党察看处分的党员在留党察看期间没有表决权、选举权和被选举权；预备党员没有表决权、选举权和被选举权。

第六条 选举应尊重和保障党员的民主权利，充分发扬民主，体现选举人的意志。任何组织和个人不得以任何方式强迫选举人选举或不选举某个人。

第二章 代表的选举

第七条 党员代表大会的代表应能反映本选举单位的意见，代表党员的意志。

代表的名额一般为100名至200名，最多不超过300名。其具体名额由召集代表大会的党组织按照有利于党员了解和直接参与党内事务，有利于讨论决定问题的原则确定，报上级党组织批准。

代表名额的分配根据党员人数和代表具有广泛性的原则确定。

第八条 代表候选人数应多于应选人数的20%。

第九条 代表候选人由选举单位组织全体党员酝酿提名，根据多数人的意见确定，提交党员大会或党员代表大会进行选举。

第十条 上届党的委员会成立代表资格审查小组，负责对代表的产生程序和资格进行审查。

代表的产生不符合规定程序的，应责成原选举单位重新进行选举；代表不具备资格的，应责成原选举单位撤换。

代表资格审查小组应向党员代表大会预备会议报告审查情况。经审查通过后的代表，获得正式资格。

第三章 委员会的选举

第十一条 党的基层组织设立的委员会委员候选人，按照德才兼备和班子结构合理的原则提名。

第十二条 委员候选人的差额为应选人数的20%。

第十三条 党的总支部委员会、支部委员会委员候选人，由上届委员会根据多数党员的意见确定，在党员大会上进行选举。

第十四条 党的基层委员会和经批准设立的纪律检查委员会委员的产生：

召开党员大会的，由上届党的委员会根据所辖多数党组织的意见提出候选人，报上级党组织审查同意后，提交党员大会进行选举。

召开党员代表大会的，由上届党的委员会根据所辖多数党组织的意见提出候选人，报上级党组织审查同意后，提请大会主席团讨论通过，由大会主席团提交各代表团（组）酝酿讨论，根据多数代表的意见确定候选人，提交党员代表大会进行选举。

第十五条 委员会委员在任期内出缺，应召开党员大会或党员代表大会补选。

上级党的组织认为有必要时，可以调动或者指派下级党组织的负责人。

第十六条 党的基层组织设立的委员会的书记、副书记的产生，由上届委员会提出候选人，报上级党组织审查同意后，在委员会全体会议上进行选举。

不设委员会的党支部书记、副书记的产生，由全体党员充分酝酿，提出候选人，报上级党组织审查同意后，在党员大会上进行选举。

第十七条 经批准设立常务委员会的党的基层委员会的常委候选人，由上届委员会按照比应选人数多 1 至 2 人的差额提出，报上级党组织审查同意后，在委员会全体会议上进行选举。

第十八条 选出的委员，报上级党组织备案；常委、书记、副书记，报上级党组织批准。纪律检查委员会选出的书记、副书记，经同级党的委员会通过后，报上级党组织批准。

第四章 选举的实施

第十九条 进行选举时，有选举权的到会人数超过应到会人数的五分之四，会议有效。

第二十条 召开党员大会进行选举，由上届委员会主持。不设委员会的党支部进行选举，由上届支部书记主持。

召开党员代表大会进行选举，由大会主席团主持。大会主席团成员由上届党的委员会或各代表团（组）从代表中提名，经全体代表酝酿讨论，提交代表大会预备会议表决通过。

委员会第一次全体会议选举常委、书记、副书记，召开党员代表大会的，由大会主席团指定一名新选出的委员主持；召开党员大会的，由上届委员会推荐一名新当选的委员主持。

第二十一条 选举前，选举单位的党组织或大会主席团应将候选人的简历、工作实绩和主要优缺点向选举人作出实事求是的介绍，对选举人提出的询问应作出负责的答复。根据选举人的要求，可以组织候选人与选举人见面，由候选人作自我介绍，回答选举人提出的问题。

第二十二条 选举设监票人，负责对选举全过程进行监督。

党员大会或党员代表大会选举的监票人由全体党员或各代表团（组）从不是候选人的党员或代表中推选，经党员大会或党员代表大会表决通过。

委员会选举的监票人从不是书记、副书记、常委候选人的委员中推选，经全体委员表决通过。

第二十三条 选举设计票人。计票人在监票人监督下进行工作。

第二十四条 选举一律采用无记名投票的方式。选票上的候选人名单以姓氏笔划为序排列。

选举人不能写选票的，可由本人委托非候选人按选举人的意志代写。因故未出席会议的党员或党员代表不能委托他人代为投票。

第二十五条 选举人对候选人可以投赞成票或不赞成票，也可以弃权。投不赞成票者可以另选他人。

第二十六条 投票结束后，监票人、计票人应将投票人数和票数加以核对，作出记录，由监票人签字并公布候选人的得票数字；由会议主持人宣布当选人名单。

第二十七条 选举收回的选票，少于投票人数，选举有效；多于投票人数，选举无效，应重新选举。

每一选票所选人数少于规定应选人数的为有效票，多于规定应选人数的为无效票。

第二十八条 实行差额预选时，赞成票超过实到会有选举权的人数半数的，方可列为候选人。

第二十九条 进行正式选举时，被选举人获得的赞成票超过实到会有选举权的人数的一半，始得当选。

当选人多于应选名额时，以得票多的当选。如遇票数相等不能确定当选人时，应就票数相等的被选举人重新投票，得票多的当选。

当选人少于应选名额时，对不足的名额另行选举。如果接近应选名额，也可以减少名额，不再进行选举。

第五章 监督和处分

第三十条 本条例由上级党的委员会和纪律检查委员会负责监督实施。

第三十一条 在选举中，凡有违反党章和本条例规定行为的，必须认真查处，根据问题的性质和情节轻重，给予有关党组织、党员批评教育，直至给予组织处理。

第六章 附 则

第三十二条 选举单位应根据本条例制定选举工作细则，经党员大会或党员代表大会讨论通过后执行。

第三十三条 中国人民解放军党的基层组织的选举，由中央军委根据本条例的精神制定相应的规定。

第三十四条 本条例由中共中央组织部负责解释。

第三十五条 本条例自发布之日起施行。过去有关党的基层组织选举工作的规定、办法与本条例不一致的，按本条例执行。

中国共产党党务公开条例（试行）（节选）

（2017 年 12 月 20 日　中发〔2017〕32 号）

第七条　党的组织贯彻落实党的基本理论、基本路线、基本方略情况，领导经济社会发展情况，落实全面从严治党责任、加强党的建设情况，以及党的组织职能、机构等情况，除涉及党和国家秘密不得公开或者依照有关规定不宜公开的事项外，一般应当公开。

加强对权力运行的制约和监督，让人民监督权力，让权力在阳光下运行。

党务公开不得危及政治安全特别是政权安全、制度安全，以及经济安全、军事安全、文化安全、社会安全、国土安全和国民安全等。

第八条　党的组织应当根据党务与党员和群众的关联程度合理确定公开范围：

（一）领导经济社会发展、涉及人民群众生产生活的党务，向社会公开；

（二）涉及党的建设重大问题或者党员义务权利，需要全体党员普遍知悉和遵守执行的党务，在全党公开；

（三）各地区、各部门、各单位的党务，在本地区、本部门、本单位公开；

（四）涉及特定党的组织、党员和群众切身利益的党务，对特定党的组织、党员和群众公开。

第十一条　党的基层组织应当公开以下内容：

（一）学习贯彻党中央和上级组织决策部署，坚决维护以习近平同志为核心的党中央权威和集中统一领导情况；

（二）任期工作目标、阶段性工作部署、重点工作任务及落实情况；

（三）加强思想政治工作、开展党内学习教育、组织党员教育培训、执行“三会一课”制度等情况；

（四）换届选举、党组织设立、发展党员、民主评议、召开组织生活会、保障党员权利、党费收缴使用管理以及党组织自身建设等情况；

（五）防止和纠正“四风”现象，联系服务党员和群众情况；

（六）落实管党治党政治责任，加强党风廉政建设，对党员作出组织处理和纪律处分情况；

（七）其他应当公开的党务。

第十五条 凡列入党务公开目录的事项，有关党的组织应当按照以下程序及时主动公开：

（一）提出。党的组织有关部门研究提出党务公开方案，拟订公开的内容、范围、时间、方式等。

（二）审核。党的组织有关部门进行保密审查，并从必要性、准确性等方面进行审核。

（三）审批。党的组织依照职权对党务公开方案进行审批，超出职权范围的必须按程序报批。

（四）实施。党的组织有关部门按照经批准的方案实施党务公开。

第十六条 党的组织应当根据党务公开的内容和范围，选择适当的公开方式。

在党内公开的，一般采取召开会议、制发文件、编发简报、在局域网发布等方式。向社会公开的，一般采取发布公报、召开新闻发布会、接受采访，在报刊、广播、电视、互联网、新媒体、公开栏发布等方式，优先使用党报党刊、电台电视台、重点新闻网站等党的媒体进行发布。

党的中央纪律检查机关、党中央有关工作机关，县级以上地方党委以及地方纪律检查机关、地方党委有关工作机关应当建立和完善党委新闻发言人制度，逐步建立例行发布制度，及时准确发布重要党务信息。

第十七条 党务公开可以与政务公开、厂务公开、村（居）务公开、公共事业单位办事公开等方面的载体和平台实现资源共享的，应当统筹使用。

有条件的党的组织可以建立统一的党务信息公开平台。

第十八条 注重党务公开相关信息监测反馈，对引起重大舆情反应的，应当及时报告。发现有不真实、不完整、不准确的信息，应当及时加以澄清和引导。

第十九条 建立健全党员旁听党委会议、党的代表大会代表列席党委会议、党内情况通报反映、党内事务咨询、重大决策征求意见、重大事项社会公示和社会听证等制度，发展和用好党务公开新形式，不断拓展党员和群众参与党务公开的广度和深度。

第四章 监督与追责

第二十条 党的组织应当将党务公开工作情况纳入向上一级组织报告工作或者抓党建工作专题报告的重要内容。

第二十一条 党的组织应当将党务公开工作情况作为履行全面

从严治党政治责任的重要内容，对下级组织及其主要负责人进行考核。

党的组织应当每年向有关党员和群众通报党务公开情况，并纳入党员民主评议范围，主动听取群众意见。

第二十二条 党的组织应当建立健全党务公开工作督查机制，开展经常性检查和专项督查，专项督查可以与党风廉政建设责任制检查考核、党建工作考核等相结合。督查情况应当在适当范围通报。

第二十三条 对违反本条例规定并造成不良后果的，应当依规依纪追究有关党的组织、党员领导干部和工作人员的责任。

关于印发《中国共产党流动党员活动证》和《中国共产党党员组织关系介绍信》修订式样的通知（节选）

（2006 年 12 月 8 日　组通字〔2006〕45 号）

关于《中国共产党流动党员活动证》的填写使用和印制说明

一、《中国共产党流动党员活动证》的填写使用

1. 《中国共产党流动党员活动证》由县级党委组织部门按照《中国共产党基本信息管理系统 2005》设定的编码进行统一编号，基层党委加盖印章后，由党支部负责登记、填写、发放。

2. 流出地（单位）党支部负责填写党员的基本信息。

3. 流入地（单位）党支部栏、流入时间栏、党支部联系人及

联系方式栏，一般由流入地（单位）党支部接收流动党员时查验填写。

4. 党员参加党的活动和交纳党费情况栏，一般由流入地（单位）党支部在持证党员离开时查验、填写。主要填写该党员在流入地的表现和参加党的组织生活、交纳党费等情况。

5. 年审（查验）栏由年审时流动党员正式组织关系所在党支部或组织生活所在党支部负责填写，年审应结合党员民主评议进行，每年一次，一般在当年12月底前完成。

6. 党支部盖章或支部书记签章栏填写时，党支部有公章的须加盖公章，没有公章的可由支部书记个人签章。

《中国共产党党员组织关系介绍信》的填写使用和印制说明

一、《中国共产党党员组织关系介绍信》的填写使用

1. 党员组织关系介绍信一式三联，每联右上角的序号由转出地党组织填写。

2. 党员基本情况及党员联系电话或其他联系方式，由党员组织关系所在党支部负责如实填写；党员原所在基层党委通讯地址等相关信息，由党员组织关系所在党支部的上一级党委负责填写或刻制固定条章签印；落款处不填写转出地党组织名称，按照接转党员组织关系的权限，清晰加盖公章即可。

3. 回执联仅在转出党员组织关系和最终接收党员组织关系所在党支部的上一级基层党委之间使用，不层层回执。实行回执制度后，在全国范围内转移党员组织关系的权限不变。转出地党组织在收到接收地党组织的回执联后，将其粘贴在存根联的“贴回执联处”备查。

4. 党员组织关系转移工作实行回执制度，转出党员组织关系的党组织在该党员未到接收地（单位）党组织接转组织关系前，负有管理责任。

中央组织部关于转移党员组织关系手续的通知（节选）

（1977 年 10 月 24 日）

一、党员因调动工作、参军、招工以及其他原因，经党组织决定，方可转移党员组织关系。

二、转移党员组织关系，是一项严肃的工作。党员组织关系介绍信要用毛笔或钢笔填写，字迹要清楚，不得涂改。基层党委及以上各级党委转移党员组织关系，要统一使用“中国共产党党员组织关系介绍信”，党员组织关系介绍信必须加盖公章。以私人名义介绍，一律无效。

三、在全国范围内可以直接相互转移党员组织关系的党组织是：

1. 县、旗、市委及以上各级党委的组织部；

2. 北京、上海、天津三个中央直辖市的区委组织部；

3. 党中央各部委的党委和中央一级国家机关、人民团体的政治部；

4. 中国人民解放军师或相当于师以上政治部的组织部（处、科）。

四、在一个省、市、自治区的范围内，省、市、自治区直属的机关党委和省、自治区、直辖市的区委组织部，可以与本省、市、自治区范围内的各县、旗、市委及以上各级党委的组织部相互转移党员组织关系。

五、在一个县、旗、市的范围内，各机关、厂矿、企业、学校、公社（镇）党的基层委员会及以上各级党委，可以直接相互转移党员组织关系。

六、在军队系统内部，相互转移党员组织关系的单位，按中国人民解放军总政治部组织部规定办理。

七、被派出国工作或学习的党员，党员组织关系的转移，统一由外交部政治部办理。

出国侨居或因私事临时出国的党员，不转移党员组织关系，一律由原所在单位的党组织保存。

八、党员临时外出工作，一般的不转移党员组织关系，必要时可开写党员证明信件。

九、迁移住址的党员，应在户口确定并取得所在单位的证明以后，原属党组织方可为他转移党员组织关系。

十、党员组织关系介绍信，由党员自己携带，不能自己携带的，应由党内交通或机要邮政转递。

十一、党组织应教育党员妥善地保存自己所携带的党员组织关系介绍信。如有遗失，党员应及时报告有关单位。遗失的党员组织关系介绍信作废，由开出介绍信的单位另行补转。

对遗失介绍信的党员，应给予批评教育，情节严重的还应给予适当的党纪处分。

十二、为使党员及时参加党的组织生活，对于因工作需要，中途变动地址的，如有其他文件证明，他的党员组织关系应予接转，不要退回。如必须退回查对和换转时，原党组织应认真办理，不得拖延或积压。

十三、自收到本通知后，中央组织部过去有关转移党员组织关系的规定、通知，即行作废。

关于进一步加强党员组织关系管理的意见（节选）

（2004 年 11 月 1 日　中组发〔2014〕10 号）

一、规范转移和接收党员组织关系凭证及使用范围

党员组织关系包括正式组织关系和临时组织关系。转移和接收正式组织关系，应当凭据中国共产党党员组织关系介绍信；转移和接收临时组织关系，应当凭据中国共产党党员证明信或中国共产党流动党员活动证。

党员外出地点或工作单位相对固定，外出时间 6 个月以上的，一般应当开具中国共产党党员组织关系介绍信；外出时间 6 个月及 6 个月以内的，一般应当开具中国共产党党员证明信。外出地点、时间不确定的，一般应当持有中国共产党流动党员活动证。短期外出开会、参观、学习、实习、考察等，时间在 3 个月及 3 个月以内，无需证明党员身份的，可不开具党员组织关系凭证。

二、进一步明确在全国范围相互直接转移和接收党员组织关系的权限

按照中央组织部有关文件的规定，原具有在全国范围相互直接转移和接收党员正式组织关系权限的党组织不变。国务院国有资产监督管理委员会监管的境内企业党委（直属党委），铁道部部属各公司、各铁路分局及分局级公司党委，省（自治区、直辖市）国有资产监督管理委员会党委组织部（处），可以在全国范围相互直接转移和接收党员正式组织关系。

具有在全国范围相互直接转移和接收党员正式组织关系权限的党组织，同时具有相互直接转移和接收党员临时组织关系的权限。省（自治区、直辖市）、副省级城市及市（地、州、盟）各部门的机关党组织，县（市、区、旗）直属机关党（工）委，乡镇党委，城市街道党（工）委，企事业单位党委，中国人民解放军和武装警察部队团或相当于团级单位政治机关，可以在全国范围相互直接转移和接收党员临时组织关系。

三、在转移和接收党员组织关系中有关党组织的主要职责及对党员的要求

转出党员组织关系党组织的主要职责是：

1. 教育督促党员按照规定及时转移组织关系，并如实填写党员组织关系凭证。

2. 建立转移组织关系党员基本情况登记制度，对临时外出的党员要采取适当方式与其保持联系。

3. 及时了解党员外出期间的表现，查验流动党员活动证记载的有关内容。

4. 及时掌握党员去向，与党员所去地方或单位党组织保持联系。

接收党员组织关系党组织的主要职责是：

1. 认真查验转移党员组织关系凭证，为党员办理组织关系接收手续，及时将党员编入党的一个组织，并加强对党员的教育、管理和监督。

2. 将接收党员的有关情况以适当方式及时反馈给转出组织关系的党组织。

3. 在流动党员活动证上如实填写党员参加党的组织生活、交纳党费、组织关系变更、民主评议情况等内容，并将相关材料转给其正式组织关系所在党组织。

4. 对于因工作需要、经济条件等原因不能回原所在党组织办理组织关系转移手续的党员，帮助其办理组织关系转移手续。

对党员的要求是：

1. 因工作、学习、生活等原因离开原所在党组织，要及时转移党员组织关系，在规定时间内到所去地方或单位党组织报到。

2. 短期外出或外出时间较长但无固定地点的，应当通过适当方式主动与原所在党组织保持联系，汇报外出期间的有关情况，按照规定交纳党费。

3. 如果没有正当理由，连续六个月不参加党的组织生活，或不交纳党费，或不做党所分配的工作，就被认为是自行脱党。支部大会应当决定把这样的党员除名，并报上级党组织批准。

四、有针对性地做好新形势下的党员组织关系转移和接收工作

凡党员所去单位已建立党组织的，应当将党员组织关系转移到单位党组织；单位未建立党组织的，应当将其组织关系转移到单位所在地或其居住地党组织，也可以转移到行业主管部门党组织，或县以上政府人事（劳动）部门所属的人才（劳动）服务机构党组织。

集体外出、地点相对集中且外出时间较长的党员，可不转移党员组织关系，由原所在党组织在他们中建立党组织并进行管理，所去地方或单位党组织协助管理；也可以由原所在党组织委托所去地方或单位党组织管理，原所在党组织协助管理。

与原单位解除劳动关系的党员，流向比较集中的，原所在单位党组织应当与其所去单位或地方党组织做好衔接工作，为他们集体办理党员组织关系移交手续；流向分散的，原所在单位党组织也要主动向党员所去地方或单位党组织提供情况，帮助党员及时落实组织关系。党员所去单位或地方党组织原则上不能拒绝接收。暂时不具备接收条件的，上级党组织要帮助解决实际困难，积极为这些党组织创造条件，并对其接收外来党员提出具体的时间等要求。

离退休干部、职工中的党员组织关系的管理，原则上按照已有规定办理。对根据国家有关政策规定，纳入社区管理的退休干部、职工中的党员，应当将其党员组织关系转移到社区所在的街道党组织，并将其纳入所居住的社区党组织进行管理，社区党组织接收确有困难的，上级党组织要帮助解决实际困难，积极创造条件，并对社区党组织接收外来党员提出具体的时间等要求；被原单位返聘的，其党员组织关系可继续留在原单位党组织；对易地安置的，应当将党员组织关系转移到安置地党组织；对异地居住、受聘到新的单位工作或外出务工经商的，应当根据时间长短及工作单位等具体情况转移正式组织关系或临时组织关系。

高校毕业生党员，已经落实工作单位的，应将党员组织关系及时转移到所去单位党组织；尚未落实工作单位的，可将党员组织关系转移到本人或父母居住地的街道；乡镇党组织也可随同档案转移到县以上政府人事（劳动）部门所属的人才（劳动）服务机构党组织；按国家有关规定选择将户口两年内继续保留在原就读学校的，也可将党员组织关系保留在原就读学校党组织，原就读学校党组织要承担对其教育管理的责任，党员本人要主动与原就读学校党组织保持联系，按规定交纳党费。

五、切实加强对党员组织关系管理工作的领导

党员组织关系管理，是一项十分严肃的工作。各级党委一定要充分认识加强党员组织关系管理，对于加强党员队伍建设，全面推进党的建设新的伟大工程，提高党的执政能力的重要意义，切实加强对这项工作的领导。

各级党委组织部门要切实履行职责，加强对这项工作的管理和具体指导。要健全管理制度，落实专人负责，定期督促检查，确保党员组织关系管理的各项要求真正落到实处。

各级党组织要加强对党员的教育管理，切实增强服务意识，积极帮助党员解决转移组织关系中遇到的困难。要协调有关部门和单位，重点做好国有企业改制中党员组织关系的转移和接收工作，使企业、街道社区等有关单位党组织的工作有效衔接，妥善解决相关问题，防止党员组织关系“挂空”，确保每个党员都能纳入党的一个组织的教育管理之中。

要严肃党的纪律。对在转移和接收党员组织关系过程中推诿扯皮、无故拒转拒接的党组织和党员，上级党组织要及时进行纠正，对拒不纠正的，要按照有关规定，对主要责任者给予相应的纪律处分。对采取弄虚作假手段伪造党员身份证明的，要依纪依法严肃处理。

关于共产党员因私事出国或去港澳地区的若干问题的规定（节选）

（1981年9月1日　中组发〔1981〕19号）

一、审批手续。凡因私事要求出境的共产党员，必须向所在单位的党组织和公安部门提出申请。以公安部门为主，与同级党委组织部共同商议（党员领导干部要按干部管理范围报批），经审查同意后，由公安部门办理出境手续。

党员自费出国留学，应与出境办理私事有所不同，他们的出国审批手续，可按照国务院一九八一年一月十四日国发13号文件《关于自费出国留学的暂行规定》执行。

二、党员出境以前，所在单位党组织要对他们做好政治思想工作。要教育他们热爱祖国，关心祖国的社会主义建设事业，严格保守党和国家的机密。在国外不得以党员身份参加任何活动。临时请假出境的党员，应按期返回工作岗位。对出境定居的党员，要教育他们，积极参加华侨爱国统一战线的活动。

三、出境后，党员组织关系的处理办法：

（1）短期请假出国或去港澳探亲办理私事者，他们的党员组织关系，仍保留在原单位（农村党员，保留在公社党委）。

（2）自费出国留学者，在他们学成回国之前，党员组织关系，保留在原单位。

（3）对于出国或去港澳长期定居的党员，在他们出境以后，即停止党籍，基层党组织可将他们的党员组织关系和档案材料一并转移到县或相当县一级的党委组织部门，保存备查。

（4）党员出境超过假期（含续假）二年以上未归者，他们的党员组织关系和档案材料也要转到县或相当县一级的党委组织部门，保存备查。

（5）党员出境，本人提出要求退党的，可以按党章规定，办理退党手续。

（6）经批准出境定居的预备党员，不再办理转正手续，其预备党员资格，也不再保留。

四、出境回来后，要求恢复党员组织生活或解决党籍的，可按以下原则处理。

（1）党员如期回国，应及时向原单位党组织汇报出境期间的情况。党组织也要主动关心了解他们在外的情况和表现。如无问题，即可恢复其党员组织生活。

党员超过假期回国，本人要向党组织申述理由，经过审查，如理由正当，又无问题者，也可恢复其党员组织生活。

无故超假半年左右，或有一般性的错误，可根据具体情况，给予适当的批评教育，必要时，要给予适当处分，待本人有了认识时，也可恢复其党员组织生活。

无故超假一年以上回国者，一般不能恢复组织生活，应按自行脱党处理。如发现有严重问题者，经审查，情况属实，要严肃处理，有的要给予开除党籍的处分。

（2）经批准已出境定居的党员，若干年后又返回者，本人提出要求解决其党籍问题时，由原所在单位党组织向本人说明，因他们长期脱离党的生活，原则上不能恢复党籍，回国后表现好，可以重新入党。如有特殊理由，认为可以恢复其党籍者，要由县或相当县一级的党委组织部门审查，报省、市、自治区党委组织部批准。

（3）自费出国留学的党员，学成回国后，经过了解，证明在国外确无问题，可以恢复党员组织生活。如果是预备党员，在国外学习期间表现良好，可以按期转正。

五、有中国人民解放军军籍的党员，因私事申请出境，要按总政治部的有关规定办理。

六、过去的有关规定，如与本规定有抵触者，以本规定为准。

中国共产党发展党员工作细则

（2014 年 5 月 28 日　中共中央办公厅印发）

第一章　总　　则

第一条　为了规范发展党员工作，保证新发展的党员质量，保持党的先进性和纯洁性，根据《中国共产党章程》和党内有关规定，制定本细则。

第二条　党的基层组织应当把吸收具有马克思主义信仰、共产主义觉悟和中国特色社会主义信念，自觉践行社会主义核心价值观的先进分子入党，作为一项经常性重要工作。

第三条　发展党员工作应当贯彻党的基本理论、基本路线、基本纲领、基本经验、基本要求，按照控制总量、优化结构、提高质量、发挥作用的总要求，坚持党章规定的党员标准，始终把政治标准放在首位；坚持慎重发展、均衡发展，有领导、有计划地进行；坚持入党自愿原则和个别吸收原则，成熟一个，发展一个。

禁止突击发展，反对“关门主义”。

第二章 入党积极分子的确定和培养教育

第四条 党组织应当通过宣传党的政治主张和深入细致的思想政治工作，提高党外群众对党的认识，不断扩大入党积极分子队伍。

第五条 年满十八岁的中国工人、农民、军人、知识分子和其他社会阶层的先进分子，承认党的纲领和章程，愿意参加党的一个组织并在其中积极工作、执行党的决议和按期交纳党费的，可以申请加入中国共产党。

第六条 入党申请人应当向工作、学习所在单位党组织提出入党申请，没有工作、学习单位或工作、学习单位未建立党组织的，应当向居住地党组织提出入党申请。

流动人员还可以向单位所在地党组织或单位主管部门党组织提出入党申请，也可以向流动党员党组织提出入党申请。

第七条 组织收到入党申请书后，应当在一个月内派人同入党申请人谈话，了解基本情况。

第八条 在入党申请人中确定入党积极分子，应当采取党员推荐、群团组织推优等方式产生人选，由支部委员会（不设支部委员会的由支部大会，下同）研究决定，并报上级党委备案。

第九条 党组织应当指定一至两名正式党员作入党积极分子的培养联系人。培养联系人的主要任务是：

（一）向入党积极分子介绍党的基本知识；

（二）了解入党积极分子的政治觉悟、道德品质、现实表现和家庭情况等，做好培养教育工作，引导入党积极分子端正入党动机；

（三）及时向党支部汇报入党积极分子情况；

（四）向党支部提出能否将入党积极分子列为发展对象的意见。

第十条 党组织应当采取吸收入党积极分子听党课、参加党内有关活动，给他们分配一定的社会工作以及集中培训等方法，对入党积极分子进行马克思列宁主义、毛泽东思想和中国特色社会主义理论体系教育，党的路线、方针、政策和党的基本知识教育，党的历史和优良传统、作风教育以及社会主义核心价值观教育，使他们懂得党的性质、纲领、宗旨、组织原则和纪律，懂得党员的义务和权利，帮助他们端正入党动机，确立为共产主义事业奋斗终身的信念。

第十一条 党支部每半年对入党积极分子进行一次考察。基层党委每年对入党积极分子队伍状况作一次分析。针对存在的问题，采取改进措施。

第十二条 入党积极分子工作、学习所在单位（居住地）发生变动，应当及时报告原单位（居住地）党组织。原单位（居住地）党组织应当及时将培养教育等有关材料转交现单位（居住地）党组织。现单位（居住地）党组织应当对有关材料进行认真审查，并接续做好培养教育工作。培养教育时间可连续计算。

第三章 发展对象的确定和考察

第十三条 对经过一年以上培养教育和考察、基本具备党员条件的入党积极分子，在听取党小组、培养联系人、党员和群众意见的基础上，支部委员会讨论同意并报上级党委备案后，可列为发展对象。

第十四条 发展对象应当有两名正式党员作入党介绍人。入党介绍人一般由培养联系人担任，也可由党组织指定。

受留党察看处分、尚未恢复党员权利的党员，不能作入党介绍人。

第十五条 入党介绍人的主要任务是：

（一）向发展对象解释党的纲领、章程，说明党员的条件、义务和权利；

（二）认真了解发展对象的入党动机、政治觉悟、道德品质、工作经历、现实表现等情况，如实向党组织汇报；

（三）指导发展对象填写《中国共产党入党志愿书》，并认真填写自己的意见；

（四）向支部大会负责地介绍发展对象的情况；

（五）发展对象批准为预备党员后，继续对其进行教育帮助。

第十六条 党组织必须对发展对象进行政治审查。

政治审查的主要内容是：对党的理论和路线、方针、政策的态度；政治历史和在重大政治斗争中的表现；遵纪守法和遵守社会公德情况；直系亲属和与本人关系密切的主要社会关系的政治情况。

政治审查的基本方法是：同本人谈话、查阅有关档案材料、找有关单位和人员了解情况以及必要的函调或外调。在听取本人介绍和查阅有关材料后，情况清楚的可不函调或外调。对流动人员中的发展对象进行政治审查时，还应当征求其户籍所在地和居住地基层党组织的意见。

政治审查必须严肃认真、实事求是，注重本人的一贯表现。审查情况应当形成结论性材料。

凡是未经政治审查或政治审查不合格的，不能发展入党。

第十七条 基层党委或县级党委组织部门应当对发展对象进行短期集中培训。培训时间一般不少于三天（或不少于二十四个学时）。培训时主要学习党章、《关于党内政治生活的若干准则》等文件。中央组织部组织编写的《入党教材》，可以作为学习辅导材料。

未经培训的，除个别特殊情况外，不能发展入党。

第四章 预备党员的接收

第十八条 接收预备党员应当严格按照党章规定的程序办理。

第十九条 支部委员会应当对发展对象进行严格审查，经集体讨论认为合格后，报具有审批权限的基层党委预审。

基层党委对发展对象的条件、培养教育情况等进行审查，根据需要听取执纪执法等相关部门的意见。审查结果以书面形式通知党支部，并向审查合格的发展对象发放《中国共产党入党志愿书》。

发展对象未来三个月内将离开工作、学习单位的，一般不办理接收预备党员的手续。

第二十条 经基层党委预审合格的发展对象，由支部委员会提交支部大会讨论。

召开讨论接收预备党员的支部大会，有表决权的到会人数必须超过应到会有表决权人数的半数。

第二十一条 支部大会讨论接收预备党员的主要程序是：

（一）发展对象汇报对党的认识、入党动机、本人履历、家庭和主要社会关系情况，以及需向党组织说明的问题；

（二）入党介绍人介绍发展对象有关情况，并对其能否入党表明意见；

（三）支部委员会报告对发展对象的审查情况；

（四）与会党员对发展对象能否入党进行充分讨论，并采取无记名投票方式进行表决。赞成人数超过应到会有表决权的正式党员的半数，才能通过接收预备党员的决议。因故不能到会的有表决权的正式党员，在支部大会召开前正式向党支部提出书面意见的，应当统计在票数内。

支部大会讨论两个以上的发展对象入党时，必须逐个讨论和表决。

第二十二条 党支部应当及时将支部大会决议写入《中国共产党入党志愿书》，连同本人入党申请书、政治审查材料、培养教育考察材料等，一并报上级党委审批。

支部大会决议主要包括：发展对象的主要表现；应到会和实际到会有表决权的党员人数；表决结果；通过决议的日期；支部书记签名。

第二十三条 预备党员必须由党委（工委，下同）审批。

乡镇（街道）党委所属的基层党委，不能审批预备党员，但应当对支部大会通过接收的预备党员进行审议。

党总支不能审批预备党员，但应当对支部大会通过接收的预备党员进行审议。

除另有规定外，临时党组织不能接收、审批预备党员。

党组不能审批预备党员。

第二十四条 党委审批前，应当指派党委委员或组织员同发展对象谈话，作进一步的了解，并帮助发展对象提高对党的认识。谈话人应当将谈话情况和自己对发展对象能否入党的意见，如实填写在《中国共产党入党志愿书》上，并向党委汇报。

第二十五条 党委审批预备党员，必须集体讨论和表决。

党委主要审议发展对象是否具备党员条件、入党手续是否完备。发展对象符合党员条件、入党手续完备的，批准其为预备党员。党委审批意见写入《中国共产党入党志愿书》，注明预备期的起止时间，并通知报批的党支部。党支部应当及时通知本人并在党员大会上宣布。对未被批准入党的，应当通知党支部和本人，做好思想工作。

党委会审批两个以上的发展对象入党时，应当逐个审议和表决。

第二十六条 党委对党支部上报的接收预备党员的决议，应当在三个月内审批，并报上级党委组织部门备案。如遇特殊情况可适当延长审批时间，但不得超过六个月。

第二十七条 在特殊情况下，党的中央和省、自治区、直辖市委员会可以直接接收党员。

第二十八条 对在中国特色社会主义事业中为党和人民利益英勇献身，事迹突出，在一定范围内有较大影响，生前一贯表现良好并曾向党组织提出过入党要求的人员，可以追认为党员。

追认党员必须严格掌握，由所在单位党组织讨论决定后，经上级党委审查，报省一级党委批准。

第五章 预备党员的教育、考察和转正

第二十九条 党组织应当及时将上级党委批准的预备党员编入党支部和党小组，对预备党员继续进行教育和考察。

第三十条 预备党员必须面向党旗进行入党宣誓。入党宣誓仪式，一般由基层党委或党支部（党总支）组织进行。

第三十一条 党组织应当通过党的组织生活、听取本人汇报、个别谈心、集中培训、实践锻炼等方式，对预备党员进行教育和考察。

第三十二条 预备党员的预备期为一年。预备期从支部大会通过其为预备党员之日算起。

预备党员预备期满，党支部应当及时讨论其能否转为正式党员。认真履行党员义务、具备党员条件的，应当按期转为正式党员；需要继续考察和教育的，可以延长一次预备期，延长时间不能少于半年，最长不超过一年；不履行党员义务、不具备党员条件的，应当取消其预备党员资格。

预备党员违犯党纪，情节较轻，尚可保留预备党员资格的，应当对其进行批评教育或延长预备期；情节较重的，应当取消其预备党员资格。

预备党员转为正式党员、延长预备期或取消预备党员资格，应当经支部大会讨论通过和上级党组织批准。

第三十三条 预备党员转正的手续是：本人向党支部提出书面转正申请；党小组提出意见；党支部征求党员和群众的意见；支部委员会审查；支部大会讨论、表决通过；报上级党委审批。

讨论预备党员转正的支部大会，对到会人数、赞成人数等要求与讨论接收预备党员的支部大会相同。

第三十四条 党委对党支部上报的预备党员转正的决议，应当在三个月内审批。审批结果应当及时通知党支部。党支部书记应当同本人谈话，并将审批结果在党员大会上宣布。

党员的党龄，从预备期满转为正式党员之日算起。

第三十五条 预备期未满的预备党员工作、学习所在单位（居住地）发生变动，应当及时报告原所在党组织。原所在党组织应当及时将对其培养教育和考察的情况，认真负责地介绍给接收预备党员的党组织。

党组织应当对转入的预备党员的入党材料进行严格审查，对无法认定的预备党员，报县级以上党委组织部门批准，不予承认。

第三十六条 基层党组织对转入的预备党员，在其预备期满时，如认为有必要，可推迟讨论其转正问题，推迟时间不超过六个月。转为正式党员的，其转正时间自预备期满之日算起。

第三十七条 预备党员转正后，党支部应当及时将其《中国共产党入党志愿书》、入党申请书、政治审查材料、转正申请书和培养教育考察材料，交党委存入本人人事档案。无人事档案的，建立党员档案，由所在党委或县级党委组织部门保存。

第六章 发展党员工作的领导和纪律

第三十八条 各级党委应当把发展党员工作列入重要议事日程，纳入党建工作责任制，作为党建工作述职、评议、考核和党务公开的重要内容。

对发展党员工作情况，市（地、州、盟）、县（市、区、旗）党委每半年检查一次，省、自治区、直辖市党委每年检查一次。检查结果及时上报，并向下通报。

重视从青年工人、农民、知识分子中发展党员，优化党员队伍结构。对具备发展党员条件但长期不做发展党员工作的基层党组织，上级党委应当加强指导和督促检查，必要时对其进行组织整顿。

第三十九条 各级党委组织部门每年应当向同级党委和上级党

委组织部门报告发展党员工作情况和发展党员工作计划，如实反映带有倾向性的问题和对违反规定发展党员的查处情况。

第四十条 县以上党委及其组织部门应当重视对组织员的选拔、配备和培训，充分发挥他们在发展党员工作中的作用。

第四十一条 各级党组织对发展党员工作中出现的违纪违规问题和不正之风，应当严肃查处。对不坚持标准、不履行程序、超过审批时限和培养考察失职、审查把关不严的党组织及其负责人、直接责任人应当进行批评教育，情节严重的给予纪律处分。典型案例应当及时通报，对违反规定吸收入党的，一律不予承认，并在支部大会上公布。

对采取弄虚作假或其他手段把不符合党员条件的人发展为党员，或为非党员出具党员身份证明的，应当依纪依法严肃处理。

第四十二条 《中国共产党入党志愿书》的式样由中央组织部负责制定，省级党委组织部门按照式样统一印制，并严格管理。

第七章 附 则

第四十三条 本细则由中央组织部负责解释。

第四十四条 本细则自发布之日起施行。《中国共产党发展党员工作细则（试行）》（中组发〔1990〕3 号）同时废止。

关于中国共产党党费收缴、使用和管理的规定（节选）

（2008 年 2 月 4 日　中组发〔2008〕3 号）

一、党费收缴

第一条　按月领取工资的党员，每月以工资总额中相对固定的、经常性的工资收入（税后）为计算基数，按规定比例交纳党费。

工资总额中相对固定的、经常性的工资收入包括：机关工作人员（不含工人）的职务工资、级别工资、津贴补贴；事业单位工作人员的岗位工资、薪级工资、绩效工资、津贴补贴；机关工人的岗位工资、技术等级（职务）工资、津贴补贴；企业人员工资收入中的固定部分（基本工资、岗位工资）和活的部分（奖金）。

第二条　党员交纳党费的比例为：每月工资收入（税后）在 3000 元以下（含 3000 元）者，交纳月工资收入的 0.5%；3000 元以上至 5000 元（含 5000 元）者，交纳 1%；5000 元以上至 10000 元（含 10000 元）者，交纳 1.5%；10000 元以上者，交纳 2%。

第三条　实行年薪制人员中的党员，每月以当月实际领取的薪酬收入为计算基数，参照第一条、第二条规定交纳党费。

第四条　不按月取得收入的个体经营者等人员中的党员，每月以个人上季度月平均纯收入为计算基数，参照第一条、第二条规定交纳党费。

第五条 离退休干部、职工中的党员，每月以实际领取的离退休费总额或养老金总额为计算基数，5000 元以下（含 5000 元）的按 0.5% 交纳党费，5000 元以上的按 1% 交纳党费。

第六条 农民党员每月交纳党费 0.2 元—1 元。学生党员、下岗失业的党员、依靠抚恤或救济生活的党员、领取当地最低生活保障金的党员，每月交纳党费 0.2 元。

第七条 交纳党费确有困难的党员，经党支部研究，报上一级党委批准后，可以少交或免交党费。

第八条 预备党员从支部大会通过其为预备党员之日起交纳党费。

第九条 党员一般应当向其正式组织关系所在的党支部交纳党费。持《中国共产党流动党员活动证》的党员，外出期间可以持证向流入地党组织交纳党费。

第十条 党员工资收入发生变化后，从按新工资标准领取工资的当月起，以新的工资收入为基数，按照规定比例交纳党费。

第十一条 党员自愿多交党费不限。自愿一次多交纳 1000 元以上的党费，全部上缴中央。具体办法是：由所在基层党委代收，并提供该党员的简要情况，通过省、自治区、直辖市党委组织部，中央直属机关工委、中央国家机关工委组织部，国务院国资委党委、中央各金融机构党委组织部，铁道部政治部、民航总局党委组织部，解放军总政治部组织部转交中央组织部。中央组织部给本人出具收据。

第十二条 党员应当增强党员意识，主动按月交纳党费。遇到特殊情况，经党支部同意，可以每季度交纳一次党费，也可以委托其亲属或者其他党员代为交纳或者补交党费。补交党费的时间一般不得超过 6 个月。

第十三条 对不按照规定交纳党费的党员，其所在党组织应及时对其进行批评教育，限期改正。对无正当理由，连续6个月不交纳党费的党员，按自行脱党处理。

第十四条 党组织应当按照规定收缴党员党费，不得垫交或扣缴党员党费，不得要求党员交纳规定以外的各种名目的“特殊党费”。

第十五条 各省、自治区、直辖市党委，中央直属机关工委，中央国家机关工委，国务院国资委党委，中央各金融机构党委，铁道部政治部，民航总局党委和解放军总政治部，每年按全年党员实交党费总数的5%上缴中央。上缴中央的党费应当于次年4月底前汇入中央组织部党费账户，不得少缴或拖延。

第十六条 铁路、民航系统党的关系在地方的党委，每年按照全年党员实交党费总数的10%向所在地方党委上缴党费。中国人民银行的地市级分支机构和中央其他金融机构的省级分支机构党委，每年按本地本系统党员全年实交党费总数的5%向所在地方党委上缴党费，其他派出机构和下属单位党委不再向地方党委上缴党费。

二、党费使用

第十七条 使用党费应当坚持统筹安排、量入为出、收支平衡、略有结余的原则。

第十八条 使用党费要向农村、街道社区和其他有困难的基层党组织倾斜。

第十九条 党费必须用于党的活动，主要作为党员教育经费的补充，其具体使用范围包括：（1）培训党员；（2）订阅或购买用于开展党员教育的报刊、资料、音像制品和设备；（3）表彰先进基层党组织、优秀共产党员和优秀党务工作者；（4）补助生活困难的党员；（5）补助遭受严重自然灾害的党员和修缮因灾受损的基层党员教育设施。

第二十条 使用和下拨党费，必须集体讨论决定，不得个人或者少数人说了算。

第二十一条 请求下拨党费的请示，应当向上一级党组织提出，不得越级申请。上级党组织下拨的党费，必须专款专用，不得挪作他用。

三、党费管理

第二十二条 党费由党委组织部门代党委统一管理。党费的具体管理工作由各级党委组织部门承担党员教育管理职能的内设机构承办。

第二十三条 党费的具体财务工作由各级党委组织部门内设的财务机构或者同级党委的财务机构代办。必须指定专人负责，实行会计、出纳分设。党费会计核算和会计档案管理，参照财政部制定的《行政单位会计制度》执行。

第二十四条 党费应当以党委或党委组织部门的名义单独设立银行账户，必须存入中国工商银行、中国农业银行、中国银行、中国建设银行、交通银行、中国邮政储蓄银行，不得存入其他银行或者非银行金融机构。党费利息是党费收入的一部分，不得挪作他用。依法保障党费安全，不得利用党费账户从事经济活动，不得将党费用于购买国债以外的投资。

第二十五条 党委组织部门要加强对党费管理工作人员的培训，提高其政治素质和业务水平。党费管理工作人员，必须先培训，后上岗。党费管理工作人员变动时，要严格按照党费管理的有关规定和财务制度办好交接手续。

第二十六条 党费收缴、使用和管理的情况要作为党务公开的一项重要内容。党的基层委员会和各级地方委员会应当在党员大会或者党的代表大会上，向大会报告（或书面报告）党费收缴、使用和管理情况，接受党员或者党的代表大会代表的审议和监督。各级地方党委组织部门应当每年向同级党委和上级党委组织部门报告党费收缴、使用和管理情况，同时向下级党组织通报。党支部应当每年向党员公布一次党费收缴情况。

第二十七条 党的地方委员会和基层委员会可以留存党费。具体留存单位和留存比例，由各省、自治区、直辖市党委，中央直属机关工委，中央国家机关工委，国务院国资委党委，中央各金融机构党委，铁道部政治部，民航总局党委，解放军总政治部，根据实际情况和工作需要确定，留存比例应当向基层倾斜。

第三十条 对违反党费收缴、使用和管理规定的，依据《中国共产党纪律处分条例》及有关规定严肃查处，触犯刑律的依法处理。

第三十二条 本规定自 2008 年 4 月 1 日起施行，过去规定与本规定不一致的，以本规定为准。

第三十三条 本规定由中央组织部负责解释。

中共中央组织部、财政部关于企业党组织活动经费问题的通知（节选）

（1989年1月6日）

一、企业党组织活动经费（包括召开党内会议，进行党内宣传教育活动和组织活动，培训党员和申请入党的积极分子，开展表彰优秀党员和先进党支部活动等费用），应按照中央组织部关于党费用途的规定，先由留用的党费中开支，不足部分从企业管理费中解决。

二、党组织活动经费中从企业管理费列支的部分，每年初由企业党委（总支、支部）根据工作需要和节约的原则编制年度预算，列入企业财务计划。在计划范围内，日常开支由党委书记审批，财务部门报销。

三、遇有特殊情况需追加经费时，应经党委会议讨论，向财务部门提出，由厂长决定。

四、企业党委要定期向党员大会或党员代表大会报告党组织活动经费开支情况，接受监督。由企业管理费列支的部分还要接受财务部门的监督。

关于非公有制企业党组织工作经费问题的通知（节选）

（2014年12月5日　组通字〔2014〕42号）

一、非公有制企业党组织工作经费主要通过纳入管理费用、党费拨返、财政支持等渠道予以解决。同时，鼓励采取企业赞助、党员自愿捐助等方式，拓宽经费来源。

二、根据《中华人民共和国公司法》“公司应当为党组织的活动提供必要条件”规定和中办发〔2012〕11号文件“建立并落实税前列支制度”等要求，非公有制企业党组织工作经费纳入企业管理费列支，不超过职工年度工资薪金总额1%的部分，可以据实在企业所得税前扣除。

三、非公有制企业党组织工作经费仍然不足的，上级党组织要从留存的党费中适当拨补。党员交纳的党费，可根据企业规模、党员数量等具体情况，全额或大部分返拨给企业党组织，用于开展党的活动。

四、有条件的地方，可借鉴北京、吉林、广东等地做法，采取专项列支等办法，对非公有制企业党建工作给予必要的经费支持。

五、党组织工作经费必须用于党的活动，使用范围包括：召开党内会议，开展党内宣传教育活动和组织活动；组织党员和入党积极分子教育培训；表彰先进基层党组织、优秀共产党员和优秀党务工作者；走访、慰问和补助生活困难党员；订阅或购买用于开展党员教育的报刊、资料和设备；维护党组织活动场所及设施等。

六、建立健全非公有制企业党建工作经费管理使用情况定期报告、检查和公示制度。企业党组织每年要向党员大会或党员代表大会报告党组织经费收支情况。从企业管理费中列支的部分，要严格执行财务制度，接受企业财务或审计部门的监督。各级组织、财政和税务部门要加强对经费使用情况的检查和监督，发现问题及时纠正和处理。

七、各级党组织和有关部门要从促进非公有制企业健康发展、巩固党的执政基础的高度，切实加大工作力度，把帮助解决非公有制企业党建工作经费问题，作为为基层办实事、解难事的一项重要举措，结合实际制定实施细则，确保落到实处，为非公有制企业党建工作提供有力保障。

关于处分违犯党纪的党员批准权限的具体规定（节选）

（1983 年 7 月 6 日　中纪发〔1983〕12 号）

五、受留党察看处分的党员，经过留党察看，事实证明他已改正了错误，由支部大会作出恢复他的党员权利的决定，报党的基层委员会或上一级党的纪律检查委员会批准；本人坚持错误不改，应当开除党籍时，根据他的现任职务履行批准手续。

六、对于党员和党的组织的处分，如处分不当，需要改变，或者处分错了，需要取消的，改变或取消处分，由原决定和批准处分的组织办理。原决定和批准处分的组织如已撤销，由本人现在的组织办理。

七、根据党章第四十条、第四十六条的规定，党组不再决定和批准对党员的党纪处分。机关党委（支部）在作出决定时，应征求党组的意见。

关于新形势下党内政治生活的若干准则（节选）

（2016年10月27日中国共产党第十八届中央委员会第六次全体会议通过）

九、严格党的组织生活制度

党的组织生活是党内政治生活的重要内容和载体，是党组织对党员进行教育管理监督的重要形式。必须坚持党的组织生活各项制度，创新方式方法，增强党的组织生活活力。

全体党员、干部特别是高级干部必须增强党的意识，时刻牢记自己第一身份是党员。任何党员都不能游离于党的组织之外，更不能凌驾于党的组织之上。每个党员无论职务高低，都要参加党的组织生活。党组织要严格执行组织生活制度，确保党的组织生活经常、认真、严肃。

坚持“三会一课”制度。党员必须参加党员大会、党小组会和上党课，党支部要定期召开支部委员会会议。“三会一课”要突出政治学习和教育，突出党性锻炼，坚决防止表面化、形式化、娱乐化、庸俗化。领导干部要以普通党员身份参加所在党支部或党小组的组织生活，坚持党员领导干部讲党课制度。每个党员都要按规定自觉交纳党费，党费使用和管理要公开透明。

坚持民主生活会和组织生活会制度。会前要广泛听取意见、深人谈心交心，会上要认真查摆问题、深刻剖析根源、明确整改方向，会后要逐一整改落实。上级党组织领导班子成员定期、随机参加下级党组织领导班子民主生活会和组织生活会，发现问题及时纠正。中央政治局带头开好民主生活会。

坚持谈心谈话制度。党组织领导班子成员之间、班子成员和党员之间、党员和党员之间要开展经常性的谈心谈话，坦诚相见，交流思想，交换意见。领导干部要带头谈，也要接受党员、干部约谈。

坚持对党员进行民主评议。督促党员对照党章规定的党员标准、对照入党誓词、联系个人实际进行党性分析，强化党员意识、增强党的观念、提高党性修养。对党性不强的党员，及时进行批评教育，限期改正；经教育仍无转变的，应劝其退党或除名。

领导干部必须强化组织观念，工作中重大问题和个人有关事项必须按规定按程序向组织请示报告，离开岗位或工作所在地要事先向组织请示报告。对无正当理由不按时报告、不如实报告或隐瞒不报的，要严肃处理。

中共中央组织部
中央党的群众路线教育实践活动领导小组
关于做好处置不合格党员工作的通知（节选）

（2014 年 8 月 28 日　中组发〔2014〕21 号）

一、准确认定不合格党员

准确认定不合格党员是做好组织处置工作的关键。对民主评议中被评为“差”的党员，支委会（不设支委会的召开支部大会，下同）要结合平时掌握的党员现实表现，对照以下情形，客观准确地认定不合格党员。一是理想信念缺失，对马克思主义缺乏信仰，对中国特色社会主义缺乏信心，推崇西方价值观念和社会制度，热衷于组织、参加宗教活动和封建迷信活动。二是政治立场动摇，在思想上政治上行动上不能自觉与党中央保持一致，不能严格遵守党的政治纪律和国家法律法规，传播政治谣言及有损党和国家形象的言论。三是宗旨观念淡薄，服务群众意识差，利己主义严重，与民争利甚至损害群众利益，在人民群众生命财产安全受到威胁时临危退缩。四是工作消极懈怠，不思进取、不负责任、不敢担当，在生产、工作、学习和社会生活中不起先锋模范作用，落后于普通群众。五是组织纪律散漫，不按规定参加党的组织生活，不按时交纳党费，不完成党组织分配的任务，不按党的组织原则办事，甚至参加非组织活动。六是道德行为不端，违反社会公德、职业道德、家庭美德，贪图享受，奢侈浪费，沉迷低级趣味，生活作风不检点。

各地区各部门可结合实际，从以上方面分类细化不合格党员具体表现。县一级细化的不合格党员表现，应报上一级党委组织部门审核把关。

二、严格执行不合格党员处置程序

对评定为不合格的党员，党组织要根据其表现和态度进行组织处置。组织处置方式分为限期改正、劝退、除名。对有继续留在党内的愿望、愿意接受教育并决心改正的不合格党员，党组织应要求其限期改正，时间一般为 1 年；限期改正期间，党员权利不受影响。对拒不改正或限期改正期满仍无转变的，应当劝其退党，劝而不退的予以除名。党员如果没有正当理由，连续 6 个月不参加党的组织生活，或不交纳党费，或不做党所分配的工作，按自行脱党予以除名。

处置不合格党员应当执行以下程序：（1）党支部在民主评议党员工作中，根据个人自评、党员互评、民主测评结果，由支委会对有不合格表现的党员作出初步认定。（2）党支部对党员不合格表现进行调查，形成调查核实材料，支委会提出初步处置意见。基层党委（具有审批预备党员权限的党委，下同）可派人参加。（3）党支部将初步处置意见、调查核实材料报基层党委预审。对拟作出劝退、除名处置的，由基层党委报上一级党委组织部门预审。（4）经预审同意后，党支部召开支部大会，通报对拟处置党员调查核实和预审情况，讨论处置意见并进行表决。（5）对作出限期改正处置的，由基层党委集体研究审批；对作出劝退、除名处置的，由基层党委集体研究提出审批意见，报上一级党委组织部门审查批准。党支部接到审批意见后，及时通知被处置党员，并以适当方式宣布。

对受到限期改正处置的党员，党支部要通过谈心谈话、教育培训、结对帮扶等措施促其改正。限期改正期满，党支部对其进行评议，根据改正情况作出相应决议，按程序上报审批。对被劝退、除名的，基层党组织要认真做好思想政治工作。被处置党员对处置结果有不同意见的，按《中国共产党党员权利保障条例》规定提出申诉。党组织要按照规定进行复议、复查，并对本人作出回复。

三、注意把握处置不合格党员政策界限

处置不合格党员要注意区分主观原因和客观原因、个人原因和组织原因、一时表现和一贯表现，做到事实清楚、理由充分，处置恰当、手续完备，确保处置结果经得起历史检验。

对党员所在单位或居住地党组织不健全、组织生活不正常，以及党员年老体弱、长期患病、行动不便，造成无法正常参加组织活动、不能履行党员义务的，不能简单认定为不合格党员予以处置。

对超过6个月未与党组织联系的党员，党组织要采取多种方式与他们联系；对经多方努力确实无法取得联系的，应当经支部大会讨论决定，由基层党委审查后，报县级或相当县级以上党委组织部门批准，按自行脱党予以除名。对党员出国（境）定居，以及出国留学、劳务人员中的党员，按有关规定办理。

对按照《中国共产党纪律处分条例》规定应当给予党纪处分的党员，不能用组织处置代替党纪处分。对受警告、严重警告、撤销党内职务、留党察看处分的党员，一般不因同一问题再进行组织处置；但有其他不合格表现的，应当按程序作出相应处置，对被劝退、除名的及时通报纪检机关。

四、切实加强组织领导

处置不合格党员，政治性、政策性强，社会关注度高。各省（区、市）党委和有关部门、单位党组（党委）要高度重视，精心部署安排，抓好贯彻落实。各级教育实践活动领导小组及其办公室要加强指导，中央巡回督导组和地方各级督导组要强化督导。市、县、乡党委要结合实际，制定实施方案，开展业务培训，准确把握政策，防止走形式、出偏差。党支部书记要履行直接责任，敢于坚持原则，敢于动真碰硬，把工作做细做实。

处置不合格党员工作要有计划、有步骤地开展，不定比例、不下指标，不搞末位淘汰。要在不同地区、不同领域选择一些基础好的党支部先行开展，以点带面有序展开。对把握不准的问题要及时请示，重大问题及时报告，防止简单粗糙、宽严皆误。要加强正面宣传，防止炒作。对工作不负责任、处置不合格党员不及时不严格的党组织和有关责任人，要通报批评。对确有不合格党员，但所在党支部拖延不作处置，或支部大会不能形成处置决议的，应责成党支部及时作出处置；必要时，基层党委可直接调查核实，作出处置决定。对借机打击报复、侵犯党员权利的，严肃追究有关责任人责任。

图书在版编目（CIP）数据

农村基层党组织建设读本 / 贾华春著. —北京：中国法制出版社，2018.3

（社会主义新农村建设法律指导丛书）

ISBN 978 - 7 - 5093 - 9300 - 0

Ⅰ. ①农… Ⅱ. ①贾… Ⅲ. ①中国共产党 - 农村 - 基层组织 - 党的建设 Ⅳ. ①D267.2

中国版本图书馆 CIP 数据核字（2018）第 041167 号

责任编辑　戴蕊　李宏伟　　封面设计　李宁

农村基层党组织建设读本

NONGCUN JICENG DANGZUZHI JIANSHE DUBEN

著者/贾华春

经销/新华书店

印刷/三河市紫恒印装有限公司

开本/880 毫米 × 1230 毫米　32 开　　印张/ 9　字数/ 170 千

版次/2018 年 3 月第 1 版　　2018 年 3 月第 1 次印刷

中国法制出版社出版

书号 ISBN 978 - 7 - 5093 - 9300 - 0　　定价：29.80 元

北京西单横二条 2 号

邮政编码 100031　　传真：010 - 66031119

网址：http：//www.zgfzs.com　　**编辑部电话：010 - 66010406**

市场营销部电话：010 - 66033393　　**邮购部电话：010 - 66033288**

（如有印装质量问题，请与本社编务印务管理部联系调换。电话：010 - 66032926）